★ 全国幼儿教师培训用书

梦山书系

幼儿园
五大领域优质课
精选50例

王哼 ◎ 主编

海峡出版发行集团 | 福建教育出版社

图书在版编目（CIP）数据

幼儿园五大领域优质课精选50例/王哼主编. —福州：福建教育出版社，2025.8
ISBN 978-7-5758-0478-3

Ⅰ．G612

中国国家版本馆CIP数据核字第2025M2P207号

You'eryuan Wuda Lingyu Youzhike Jingxuan 50 LI
幼儿园五大领域优质课精选50例
王哼 主编

出版发行 福建教育出版社
（福州市梦山路27号 邮编：350025 网址：www.fep.com.cn
编辑部电话：010-62027445
发行部电话：010-62024258 0591-87115073）
出 版 人 江金辉
印 刷 福州万达印刷有限公司
（福州市闽侯县荆溪镇徐家村166-1号厂房第三层 邮编：350101）
开 本 710毫米×1000毫米 1/16
印 张 14.75
字 数 198千字
插 页 2
版 次 2025年8月第1版 2025年8月第1次印刷
书 号 ISBN 978-7-5758-0478-3
定 价 49.00元

如发现本书印装质量问题，请向本社出版科（电话：0591-83726019）调换。

前　言

AI是"人工智能"（Artificial Intelligence）的英文缩写。它是一门研究如何使计算机系统能够模拟人类智能行为的学科，它的目标是让计算机能够像人类一样感知、理解、推理、学习和解决问题。新质生产力背景下，AI作为当今科技革命的重要驱动力，正以前所未有的速度改变着我们的生活和工作方式，AI技术的快速发展也为教育带来了全新的可能性。

在学前教育高质量发展背景下，幼儿园教育质量逐渐提升，更加注重科学保教，这其中幼儿园优质课的作用不言而喻。幼儿园优质课经过精心设计，内容涵盖健康、语言、社会、科学、艺术多个领域，能让幼儿在游戏和活动中轻松愉快地学习新知识，掌握新技能。幼儿园优质课是提升保教质量的关键，对于幼儿的全面发展、教师的专业成长以及幼儿园教育质量的整体提升都具有不可替代的重要作用。

上好一节优质课，需要幼儿教师用心备课，备课是一项细致且重要的工作，需要考虑到幼儿的特点和需求，选择适合幼儿的教学内容，对教学内容进行深入分析，明确重点和难点，通过精心搜集与筛选素材，最终撰写出优质教案并制作课件。

教案是幼儿教师在授课前准备的教学方案，是上好一节优质课的重要依据。如果教案所列目标明确、条理清晰、层次分明，那么在教师实际运用的过程中就能得心应手、有条不紊、中心明确。所以，如何写好一份优质教案值得我们深思。

随着AI技术的快速发展，出现了不少好用且流行的AI工具，它们利用人工智能技术，特别是自然语言处理、深度学习和机器学习技术，帮助用户一键生成文本，不仅大幅提高了内容生产的效率，还能在保证内容质量的同时，为创作者提供全新的视角和灵感。AI工具不仅在人们撰写各类文案时被广泛使用，而且可以作为幼儿教师撰写教案的辅助工具。所以，幼儿教师写作时要具备让AI赋能写作，使AI成为工作好帮手的意识。

当然，幼儿教师需要明白，使用好AI，并不是完全依赖AI，完全依赖会导致生成的教案内容雷同、教学目标与教学内容不符合幼儿的发展规律、内容逻辑性和连贯性不足、数据准确度不够等情况。所以，幼儿教师在利用AI工具辅助撰写教案的时候，一定要有高度的责任心，对自己的教案负责，认真审核、调整与修改AI生成的教案，科学、理性、规范地结合教育目标与实际情况，融入自己的思考，认真打磨出一篇优质教案，不辜负教书育人的使命。

AI赋能写作已经成为现实，使用过AI工具辅助撰写教案的老师，均表示备课效率、教案质量得到了有效提高，促进了教学创新。AI不仅帮助教师更轻松地完成了教学任务，还取得了更好的教学效果，同时让幼儿获得了更好的学习体验。

幼儿教师要具备利用新技术提高工作效率的意识。其实利用AI撰写教案并不难，幼儿教师可以根据喜好与对AI工具的了解，根据需求输入指令，指令越详细越好，也可以多次输入不同提示词，对AI生成的教案进行融合与调整。需要注意的是，输入提示词时要具体，这样生成的教案质量更高，离预期更近，然后加上自己的思考与个性化调整，就能够很快形成符合教学要求、贴合实际的教案。

本书精选的50篇优质课教案，均有效使用了AI工具辅助写作，在AI生成的教案的基础上精心加工与修改，经过教学实践，被评为了不同级别的优质课，有园内优质课、区级优质课、市级优质课，这充分展示了AI赋能写作的重要价值。同时50篇优质课教案又为广大幼教工作者提供了设计教学活动的思路，具有很强的实用价值。

王哼

2025年7月

目 录

健康 / 001

爬爬乐 / 003
运柿子 / 007
毛毛虫变蝴蝶 / 011
要午睡啦 / 016
情绪调控 / 020

不贪吃冷饮 / 025
动物大救援 / 029
保护眼睛 / 033
海上小纵队 / 037
安安全全大循环 / 041

语言 / 045

啊呜啊呜 / 047
贪吃的变色龙 / 052
鸡蛋哥哥 / 057
秋天的颜色 / 061
"趣"玩西游 / 066

夸夸家乡美食 / 070
西瓜船 / 075
动物朋友 / 081
完美的宠物 / 086
创新故事会 / 090

科学 / 095

"1"和"许多" / 097

认识正方形 / 101

颜色对对碰 / 105

沉浮乒乓球 / 109

有趣的架桥 / 114

森林护卫队 / 118

森林超市破案记 / 122

会预报天气的动物 / 126

巧过火焰山 / 131

果蔬通电 / 136

社会 / 141

一二三,自己爬起来 / 143

一心一意 / 147

抱一抱 / 152

爱妈妈 / 157

大狮子和小老鼠 / 161

好消息,坏消息 / 165

小小快递员 / 169

传递微笑 / 173

大熊的拥抱节 / 177

睡睡镇 / 182

艺术 / 187

爷爷的胡子 / 189

惊愕交响曲 / 193

小兔跳跳 / 197

小老鼠和胖厨师 / 201

有趣的滴蜡画 / 205

秋天的树林 / 209

有趣的线条画 / 213

柳树水墨画 / 217

箔纸兰花 / 222

柿子丰收舞 / 226

健康

爬爬乐

* **年龄段**：小班

* **领域**：健康

【设计意图】

小班幼儿喜欢爬，爬行是全身协调运动，可以锻炼胸肌、背肌、腹肌以及四肢肌肉的力量，促进肌肉、骨骼的生长发育，促进身体协调能力的发展；有助于视听觉、空间位置感觉、平衡感觉的发育；对于脑部发育具有不可替代的特殊作用。因此，我设计了这次活动，让幼儿在一系列游戏场景的变换中，练习手膝着地，自然协调地向前爬，提高幼儿对爬行的兴趣并锻炼幼儿的爬行能力。

【活动目标】

1.学习手膝着地自然协调地向前爬行。
2.体验与同伴游戏的快乐，热爱运动。

【活动准备】

相关音乐。

【活动过程】

一、模仿小动物走路，激发活动兴趣

播放音乐，教师带领幼儿模仿小动物走路的动作，活动身体各部位。

师：小朋友们，让我们在音乐的伴奏下，来模仿小动物走路吧。

师幼一起模仿小鸭、小猫、小兔、小乌龟走路，小鸭身体左右摇摆向前走，小猫脚步轻轻向前走，小兔两脚分开自然向前跳，小乌龟手膝着地向前爬。

小结：抓住幼儿喜欢模仿小动物的特点，让幼儿在熟悉的律动中练习走、跑、跳、爬，使幼儿的各个关节得到活动，保障体育活动顺利开展。

二、情境游戏，练习不同速度的爬

教师扮作乌龟妈妈，幼儿扮作小乌龟。

师：刚才我们模仿过了小乌龟向前爬，现在让我们来玩游戏吧。

在音乐伴奏下，教师和幼儿一起在草地上自由地爬来爬去，教师注意观察，了解幼儿的爬行水平。

师：小朋友，你们喜欢爬吗？刚才开心吗？

让幼儿说一说。

师：小乌龟和妈妈学到了本领，在回家的路上遇到了大狗熊，大狗熊正在睡觉，我们要怎么爬才能不吵醒大狗熊呢？（轻轻地、慢慢地爬）

师：那轻轻地、慢慢地爬应该怎么做呢？小朋友们快来尝试一下。

幼儿轻轻地、慢慢地爬行。

师：越过了大狗熊，前面出现了狮子，我们又该怎么办呢？（快速爬，躲开狮子）

幼儿练习快速爬行。

小结：小班幼儿年龄小，情境游戏能够激发幼儿活动的兴趣；让幼儿在情境游戏中用不同速度爬行，有助于幼儿掌握爬行动作。

三、升级游戏玩法，练习向指定方向爬行

当幼儿爬行得比较熟练后，引导幼儿在音乐的旋律中听到教师的信号向指定方向爬。

师：小鸭的家、小猫的家、小兔的家分别在不同的方向。老师要发布口令了，老师说去谁家你们就朝谁家的方向爬，看看小鸭、小猫和小兔都在家做什么吧。

教师发布指令，幼儿根据指令爬行。

小结：小班幼儿感知知觉逐渐完善，对新奇的事物和现象容易认识并具有初步的规则意识和行为规范，逐渐习惯于自发地和同伴共同游戏。因此，利用小朋友对新奇事物、现象的好奇心和初步的规则意识，让幼儿听口令爬到小动物的家去看看，不仅让幼儿体验到了游戏的快乐，也进一步提高了他们的爬行能力。

四、放松身心，结束活动

师：小乌龟们，你们爬累了吗？咱们一起听音乐休息一下。

播放音乐，幼儿根据音乐的快慢自由爬行或休息。

小结：小班是幼儿音乐感受力发展的关键期，他们能用动作感受、表达其对音乐节奏、律动的理解，伴有情感性、愉悦性体验。让幼儿根据自己对音乐节奏快慢的感受自由爬行，既可以巩固爬行技能，又能够放松身心。

师：小乌龟们今天学会了手膝着地爬行的本领，并记住了爬行时要抬起头，以免看不清前方。现在让我们慢慢爬回小乌龟的家，结束活动吧。

【活动延伸】

在家锻炼爬行技能。

【活动评析】

　　本次活动依据小班幼儿年龄特点设计，整个活动自始至终贯穿音乐和游戏场景，让幼儿在轻松愉悦的氛围中自由、自主地学习。活动的设计层层递进，先让幼儿模仿学习小动物走路，接触小乌龟爬行，然后通过自由爬行、不同速度爬行、听信号爬行等，不断提高幼儿爬的技能，最后在放松音乐背景下慢慢爬回家，活动自然结束。通过本次活动，幼儿不仅学会了正确的爬行方法，更体验了游戏的快乐，很好地激发了幼儿对体育运动的兴趣。

山西省晋城市凤鸣幼儿园　田丽芳

运柿子

* 年龄段：小班

* 领域：健康

【设计意图】

开学初，为了丰富晨间活动材料，我们动员幼儿从家中带来了许多废旧衬衫盒、鞋盒等，经过剪切、装饰，一个个漂亮的纸盒诞生了。晨间活动时，我们鼓励幼儿尝试用纸盒来锻炼身体，如跨纸盒、双脚并拢跳纸盒、顶纸盒等。为了实现"一物多玩"的目的，最大化地发挥活动材料的作用和功能，我们试图引导幼儿探索纸盒的更多玩法，于是结合小班幼儿的年龄特点，设计了"运柿子"活动。在本次活动中，纸盒经历了小小的变身，变成了运柿子的小拖车，通过帮助农民伯伯运柿子，幼儿用纸盒拖物、持物走的能力得到了提升，对身体的控制能力和动作的协调性也有了大幅度提高。

【活动目标】

1. 玩纸盒，尝试用纸盒拖物、持物走，提高对身体的控制能力。
2. 体验与老师、同伴一起游戏的愉悦和帮助他人的快乐。

【活动准备】

纸盒、纸柿子、小夹子。

【活动过程】

一、师生听音乐同做纸盒操

师：今天老师要带小朋友们一起做游戏，每个小朋友去拿一个你喜欢的纸盒到我这里来。让我们拿着纸盒先来锻炼一下身体吧！

小结：漂亮的红、黄、绿纸盒一下子吸引了幼儿的注意，节奏明快的纸盒操既达到了热身的效果，又提高幼儿参与活动的兴趣，更为后面的正式活动打下了基础。

二、幼儿自由玩纸盒

师：我们的纸盒不光好看还很好玩呢！

玩法一：将纸盒放在地上，双脚并拢从上面跳过去。

玩法二：轻轻向上抛起纸盒并接住。

玩法三：将纸盒顶在头上，保持纸盒平衡，并慢慢移动身体。

师：看，纸盒有这么多玩法，这是老师想到的，小朋友们想到什么好玩的玩法了吗？现在大家一起探索吧。

幼儿自主探索纸盒的玩法。

小结：幼儿是天生的创造者，在自由探索纸盒玩法的过程中，幼儿们不仅玩出了很多花样，还能够自己创设情境玩起情境游戏，增强了活动的趣味性。如有幼儿将纸盒间隔排成一排依次玩"跳石头"游戏，有幼儿将纸盒聚拢后变成"小河"玩"跨小河"游戏，等等。在幼儿玩纸盒的过程中，教师始终以玩伴的身份参与其中，体现了和谐的师生关系。幼儿玩在其中、乐在其中，不但充分活动了身体，而且发展了跨、跳、平衡等能力。

三、纸盒大变身

师：现在老师要来变魔术啦！看看这是什么？（小夹子）我用手指爸爸和手指妈妈捏住小夹子，用力一摁，小夹子张大嘴巴"啊呜"

一口"咬"住小板子。哈哈！我的小板子变成小拖车啦！拖过来拖过去，真好玩！小朋友们，想不想把你的小板子也变成小拖车？

幼儿动手变魔术，教师个别指导。

师：请大家拖着你的小拖车走一走！

小结：教师以变魔术的神秘开场白激发了幼儿的好奇心和参与活动热情。生动形象的讲解使幼儿较容易地掌握了变魔术的要领，虽然有的幼儿需要在老师的帮助下完成活动，但是幼儿的情绪是积极、愉悦和主动的，也为下一环节做好了铺垫。

四、创设情境，运柿子

1. 初次运柿子

师：秋天到了，柿子大丰收，如果不及时把柿子收回来的话会有小鸟把它们吃掉，农民伯伯可着急啦！怎么办呢？他想请我们小朋友帮他一个忙，帮他把柿子宝宝运回家，好吗？

幼儿运用小拖车运柿子，柿子不能掉出来，掉出来代表柿子摔坏了。

小结：游戏化的情境设计非常符合小班幼儿的心理年龄特点和喜好，使他们能够感同身受，融入其中。当幼儿小心翼翼地将农民伯伯的柿子成功运回家时，一张张紧张的小脸上顿时绽开了灿烂的笑容。活动在充满童趣的情境中展开，师生互动融洽，相应的教育目标和要求得以巧妙渗透，充分体现了教育的整合性。

2. 运柿子比赛

师：小朋友们学会了运柿子，现在来让我们进行运柿子比赛吧。

幼儿分组比赛，优先完成运送任务的小组获胜。

小结：通过运柿子比赛，进一步锻炼了幼儿的动作技能。

3. 集市卖柿子

师：柿子大丰收，但是柿子太多了，存放久了会坏的，农民伯伯想把柿子运到集市上售卖，我们再帮帮他好吗？但是这次要换一种运送方法，因为在去集市的路上有一片青菜地，小拖车过不去，需要小朋友搬着盒子走过去，大家愿意吗？现在让我们行动吧。

小结：幼儿用纸盒搬运柿子，不但发展了持物走能力，而且提高了身体协调性。

师：小朋友们真棒，让我们来庆祝一下吧，祝愿农民伯伯能够早点卖完柿子回家休息。

小结：此环节的各部分过渡自然、流畅，遵循了教育循序渐进、层层深入的原则。创设走过菜地去集市售卖柿子的游戏场景，充分锻炼了幼儿身体的平衡性和控制能力，这样的设计避免了重复游戏的枯燥乏味，使幼儿始终对活动保持浓厚的兴趣。

【活动延伸】

在美工区投放各种颜色的卡纸，裁剪出不同种类的水果，让幼儿玩运送水果的游戏，同时提高运送要求，进一步锻炼动作技能。

【活动评析】

"运柿子"活动旨在发展幼儿跑的技能，同时让幼儿在游戏中感受快乐，发展智慧，懂得团结合作的重要性。活动通过模拟现实中的场景，让幼儿学习跑动技能，培养幼儿的团队合作和解决问题的能力；通过操作纸盒，让幼儿练习推、拉、走的动作，进一步培养幼儿对体育活动的兴趣。这个活动不仅锻炼了幼儿的身体协调性和控制能力，还通过设置"菜地"障碍物等方式增加了活动的趣味性和挑战性，让幼儿在学中玩、玩中学，较好地达到了高质量发展的教育目标。

江苏省海安市曲塘镇章郭幼儿园　高敏

毛毛虫变蝴蝶

✱ **年龄段**：小班

✱ **领域**：健康

【设计意图】

　　随着春天的到来，花儿的绽放，蜜蜂飞来了，蝴蝶飞来了。当幼儿看见蝴蝶在花丛中翩翩起舞时，会慢慢地靠近，会用稚嫩的小手追赶花丛中的蝴蝶。有关蝴蝶的讨论也自然而来："老师，妈妈说，美丽的蝴蝶是毛毛虫变的，对吗？""蝴蝶是好的，还是坏的？""蝴蝶最喜欢吃什么？"，等等。幼儿是天生的探究家和美学家，在"三只蝴蝶"这一主题活动中，他们追逐着蝴蝶，倾听着毛毛虫变蝴蝶的故事，探究蝴蝶的小秘密，表达着他们对蝴蝶的认识和感受。在设计本次活动时，为了更好地激发幼儿参与活动的兴趣，我针对小班幼儿的特点，以有趣好玩的小布袋为教具，以毛毛虫变蝴蝶的生长为主线，创设游戏情境开展本次活动。为幼儿提供与环境相互作用的条件和机会，让幼儿在游戏中自然获得最佳的学习效果。同时，达到激发幼儿对体育活动的兴趣、增强身体的灵活性、发展动作的协调性的活动目标。

【活动目标】

1.模仿毛毛虫爬,学习手膝着地爬行。
2.模仿蝴蝶飞舞的动作,增强身体的灵活性和协调性,提高幼儿跑的能力。

【活动准备】

1.幼儿人手一个布袋。
2.在场地四周标识出圆形、三角形和长方形区域。
3.背景音乐。

【活动过程】

一、热身运动

师:小朋友们,来来来。今天老师要带你们出去玩布袋。走,背上布袋出发吧!

师幼走出户外。

师:突然,雷声响起来了,让我们跟着下面的节奏一起来做热身运动吧。

教师说下雨了,幼儿要快走。

教师说雨下大了,幼儿要快跑。

教师说雨变小了,幼儿要慢跑。

教师说雨停了,幼儿要停止走或跑。

教师说甩甩头上的雨水,幼儿要做头部运动。

教师说甩甩手上和脚上的雨水,幼儿要做四肢运动。

教师说甩甩身上的雨水,幼儿要做全身运动。

小结:教师带领幼儿充分运动、热身,为后面的活动做铺垫。

二、毛毛虫出动

师：做完热身运动，小朋友们迫不及待地要玩游戏，我们来玩毛毛虫游戏吧，你们还记得毛毛虫怎么爬吗？

幼儿积极表现，教师邀请个别幼儿展示。

师：今天我们借助布袋来玩毛毛虫游戏。

教师用儿歌引导幼儿套上布袋，变成虫宝宝。

大大布袋真好玩，两头空空瞧一瞧。

一头两只小耳朵，一头两个小疙瘩。

提着耳朵钻一钻，小脚小脚钻进去，

变，变，变，变成毛毛虫。

幼儿自由学习套袋手膝着地爬。

师：小朋友们要双脚套入布袋中，俯卧在地，依靠肩和躯干的屈伸在场内模仿毛毛虫爬。

在幼儿练习向同一方向爬行后，尝试让幼儿定向爬行。

师：毛毛虫宝宝肚子饿了，要吃嫩叶了，看看哪些毛毛虫宝宝能吃到嫩叶？

教师作为摆放嫩叶的人，不断地变动自己的位置，幼儿扮演毛毛虫朝教师所在的方向爬行，以此充分调动幼儿爬行的积极性。

三、毛毛虫作茧

师：我们之前了解过毛毛虫的生长过程，接下来会发生什么事呢？

教师引出虫儿吐丝的情节，进一步激发幼儿的兴趣。

幼儿可以摇头吐气并发出"嘶——"的声音。

师：我好像听到有虫宝宝在吐丝了。

幼儿团身藏入袋内，模仿虫作茧。

师：虫宝宝吐了这么多的丝，把自己也包在里面了，让它在里面好好休息一下。

四、蝴蝶飞舞

师：接下来神奇的事情要发生了，毛毛虫要变蝴蝶了。

幼儿从袋内钻出，就近范围模仿蝴蝶的飞行动作，进行四散跑。

师：小蝴蝶一只又一只地飞着，让我们飞到四周看看都有什么吧？

幼儿扩大范围模仿蝴蝶飞舞。

师：小蝴蝶们，你们看到花坛了吗？

引导幼儿发现事先布置好的圆形、三角形、长方形区域。

师：花坛是什么形状的？（圆形、三角形、长方形）

师：不同形状的花坛种了不一样的花，我们快去闻一闻花香吧。

幼儿根据指令和图示飞到相应的位置，练习定点跑，同时要做好蝴蝶飞行的动作。

师：今天，我们玩得真开心，让我们一起"飞"到外面去看看更美的景色吧！（结束活动）

【活动延伸】

1.将布袋投放在游戏区，幼儿可以任意爬行。

2.幼儿可以在家练习手膝着地爬行，增强亲子情感互动与交流。

3.户外可以花样练习散开跑与定点跑，也可以根据幼儿能力组织比赛。

【活动评析】

　　本次活动充分考虑到小班幼儿的年龄特点，利用废旧布料制作了大布袋，让幼儿学习用伸展和卷曲的动作模仿毛毛虫爬，训练身体和动作的协调性，体验情景游戏的快乐，提高对体育活动的兴趣。我们也充分调动幼儿对毛毛虫变蝴蝶的认知经验，把游戏情境贯穿整个活动,不仅锻炼了幼儿的肢体动作,还提高了幼儿跑的能力,增强了幼儿的体质。最后让幼儿根据指令和图示"飞"到圆形、三角形、长方形花坛来"闻"花香,进一步增加了活动的趣味性。幼儿在活动中始终保持较高的积极性,本次活动取得了较好的教学效果。

浙江省杭州市钱塘区文思幼儿园 许萍萍

要午睡啦

* 年龄段：小班

* 领域：健康

【设计意图】

小班上学期，稳定幼儿的情绪是老师工作的重中之重，另外午睡也是老师最头疼的问题。幼儿从家庭走进幼儿园，他们依恋的父母及亲人、熟悉的家庭环境和以自我为中心的生活环境一下子消失了，取而代之的是陌生的老师、陌生的小朋友、陌生的幼儿园和陌生的集体生活。这种巨大的变化使他们失去心理平衡，从而感到焦急、不安、不愉快，甚至产生分离焦虑。针对这一情况，我设计了本次活动，以达到幼儿在老师的安抚下能逐渐平静入睡的目的。

【活动目标】

1. 知道午睡的重要性，愿意在幼儿园睡午觉。
2. 在午睡时感到焦虑、难过和担忧时，能够寻求老师的帮助。
3. 在游戏模仿中，探索转移不良情绪的办法。

【活动准备】

1. 经验准备：幼儿在家有午睡的习惯。

2.物质准备：动物玩偶、哭泣的声音、笑的声音。

【活动过程】

一、热身游戏，激发活动兴趣

教师带领幼儿进行手指谣游戏《睡觉啦》。

师：小朋友们，今天老师带来了一个好玩的手指谣游戏，请小朋友跟我一起玩吧，小手准备。

手指谣游戏《睡觉啦》：

小花猫，喵喵喵，天黑了，快睡觉。

小黄狗，汪汪汪，天黑了，快睡觉。

小老鼠，吱吱吱，天黑了，快睡觉。

小青蛙，呱呱呱，天黑了，快睡觉。

小老虎，嗷呜嗷呜，天黑了，快睡觉。

师：灯灭了，小动物们都睡觉了，小朋友们要干什么？（也要睡觉）

小结：通过手指谣游戏，让幼儿知道天黑了要睡觉。

二、午睡的重要性

师：刚刚小朋友和小动物们都做了一件事，就是天黑了要睡觉。除了晚上要睡觉，还可以在什么时间睡觉呢？

幼儿积极发言。

师：因为睡午觉很重要，所以很多小朋友都有睡午觉的习惯，大家在幼儿园也要睡午觉哦！那么，问题来了，小朋友们知道睡午觉有什么好处吗？

幼儿积极讨论并发言。

小结：睡午觉能让我们下午更有精神，而且呀，小朋友在睡觉的时候，我们的身体也在慢慢地生长。

三、角色扮演，哄小动物入睡

播放哭泣的声音。

师：小朋友们听，是什么声音？（哭泣的声音）

师：小动物不睡午觉在哭呢，我们该怎么办呢？（哄睡）

请幼儿进行角色扮演，安慰哭泣的小动物玩偶入睡，教师注意观察。

师：有的小朋友很棒呢，谁来分享一下你们哄睡的方法？你们是怎么哄小动物入睡的呀？

幼儿积极表现，教师邀请个别幼儿发言。

小结：轻轻抱起小动物，抱着哄一哄，等小动物的情绪平静了，把它放到床上并盖好被子，然后坐在床边轻轻地拍着哄睡，不一会儿小动物就睡着了。

师：小朋友们掌握哄睡的方法了吗？

四、经验迁移，培养午睡的好习惯

师：我们知道小动物不睡午觉要哄睡，那平常如果小朋友在午睡的时候睡不着，要怎么办呢？

引导幼儿说一说。

师：对了，可以主动告诉老师，老师会帮助小朋友入睡的。

师：但是如果小朋友想妈妈了，哭闹不睡觉又该怎么办呢？

幼儿积极讨论并讲述方法。

师：如果小朋友难过了想妈妈，老师就会像刚刚小朋友哄哭闹的小动物睡觉那样来哄睡，小朋友要记住午睡的好处，逐渐养成良好的午睡习惯哦。

小结：通过代入小动物的经历，经验迁移，能很好地帮助幼儿体会不午睡可能带来的问题，然后引导幼儿讨论解决的方法，使幼儿切身体会午睡的重要性。

【活动延伸】

1.引导幼儿与爸爸妈妈完成亲子调查表《睡眠的秘密调查》,帮助幼儿进一步了解午睡的重要性。

2.与幼儿一起设计散步地图,通过投票决定每天的路线,散步在帮助幼儿消食的同时也能放松心情,做好睡前准备,帮助幼儿以舒适的状态进入睡眠。

【活动评析】

本次活动很好地完成了教学目标,幼儿对老师的提问积极响应,与老师互动顺畅。活动中幼儿通过形象生动的故事以及讨论,明白了养成良好的睡眠习惯非常重要;然后通过情景模仿,了解了因午睡困难而感到焦虑、难过时可以寻求老师的帮助。幼儿通过本次活动掌握了一定的哄睡技巧,并能够代入情境体会老师的不易,激发同理心,进一步认识到了午睡的重要性。

广东省广州市天河区侨英幼儿园　陈宁

幼儿园五大领域优质课精选50例

情绪调控

* **年龄段**：中班

* **领域**：健康

【设计意图】

中班阶段的幼儿，他们的自尊心、竞争意识，以及对成功的追求都在不断提升，也使得他们的情绪波动更为明显。因此，在面对游戏挑战或其他困难时，如果没有学习如何控制和管理自身情绪，幼儿可能会表现出愤怒、焦虑、沮丧、哭泣等情绪。《3—6岁儿童学习与发展指南》（以下简称《指南》）中明确提出，幼儿在集体生活中应当保持愉快、安定的情绪，教师应帮助幼儿学会恰当地表达和调控情绪。在培养幼儿情绪调控能力的过程中，让幼儿学会正确表达自己的情绪尤为重要，情绪表达得越准确，消极情绪就越能得到调控，情绪的调控能力就越强。如果幼儿具备良好的情绪控制技巧，那么他们将更容易和别人建立良性关系，获得友谊。基于以上思考，我设计了本次活动。

【活动目标】

1.知道每个人都有情绪，能通过面部表情辨认几种基本情绪（高兴、生气、难过等）。

2.通过绘本感受生气带来的影响,知道生气是不好的。

3.能准确表达情绪,学会调节情绪。

【活动准备】

1.对应幼儿数量的小椅子。

2.音乐《你笑起来真好看》、绘本PPT、画笔、画纸。

【活动过程】

一、玩抢椅子游戏,感受情绪

师:小朋友们,你们还记得抢椅子游戏是怎么玩的吗?

幼儿回忆游戏的玩法。

师:小朋友们还记得这个游戏的玩法,今天我们再来玩一次吧。

在空地摆放一圈椅子,幼儿围着椅子站好。当音乐响起时,幼儿绕椅子外圈转动,身体不能碰到椅子。音乐停止,幼儿需抢坐椅子,坐到椅子者为胜,未坐到椅子者为输。

师:小朋友们,准备好了吗?游戏开始喽!

幼儿玩一轮游戏。

游戏结束后,请幼儿说说游戏后的感觉。

师:当你们玩游戏的时候,心里有什么样的感觉?

幼儿积极讲述:有开心、紧张、刺激、害怕、担心……

师:你们说的各种感觉,老师能够猜到。知道老师用什么方法猜到的吗?

幼儿猜想。

小结:通过观察一个人的面部表情,可以大致推测出情绪变化。

二、看表情,理解情绪

师:刚才,老师拍到了一些小朋友在玩抢椅子游戏时的面部表情。让我们一起来感受一下他们当时的情绪吧。

出示高兴情绪的照片。

师：大家能从中感受到他的情绪吗？

引导幼儿说一说。

师：小朋友们说的对不对呢？我们请照片上这位小朋友来说说自己当时的情绪。

邀请照片的主人进行讲述。

出示生气情绪的照片。

师：这位小朋友的情绪如何？

师：我们请照片中这位小朋友来谈谈你当时为什么会生气。

三、阅读绘本，理解情绪的影响

师：有一只叫阿古力的怪物，他遇到生气的事情了。到底发生了什么样的故事呢？我们一起来看看吧。

通读绘本：有一只爱生气的喷火龙阿古力，被一只会传播喷火病的蚊子波泰叮了一个大包。被叮的阿古力开始生气了，喷出了它自己都没想到的大火，鼻子、嘴巴里都是火，把它自己的家烧了一半。吃东西的时候只要张开嘴，食物就被烧焦了；刷牙的时候，牙刷也烧没了；玩具、邻居朋友……它周围的树、房子都因为它的火遭了殃。大家都躲避他，又饿又累又伤心的阿古力想尽办法灭掉自己身上的火，钻水里、埋土里、用灭火器、躲在冰箱里，都无济于事。最后它无奈地哭了，谁知鼻涕眼泪把它的火给熄灭了。于是，波泰又叮上了另外一个爱生气的家伙……

通读绘本后，再精读绘本细节，利用思维导图帮助幼儿梳理故事内容。

提问：

（1）阿古力变成喷火龙后引发了哪些大麻烦？

（2）为什么大家都躲着它？

（3）它尝试使用哪些方法来灭火？

（4）为什么鼻涕眼泪把它的火给熄灭了呢？

（5）阅读完这个故事，你有什么感受？

鼓励幼儿大胆回答预设的问题，形成有效的师幼互动，加深对内容的理解。

四、联系生活，理解生气情绪

师：在日常生活中，你是否也有过和阿古力一样的情绪？如果你遇到了令你感到沮丧的事情，请与你旁边的小朋友分享。

幼儿之间讲一讲自己的经历。

师：如果你觉得不愉快了，倾诉有助于疏解情绪，以后小朋友们再遇到不开心的事情就找好朋友说一说。

师：当然，除了倾诉，小朋友们还知道哪些方法可以纾解情绪吗？

幼儿积极讲述。

小结：运动、唱歌、逛街、吃美食、听音乐都有助于纾解情绪。

【活动延伸】

1. 引导幼儿观察生活，画一画身边人的情绪，主动跟情绪不好的人交谈，学会关心他人。

2. 为了让幼儿更好地理解和表达情绪，在区域内设立一个心情日记本，让幼儿随时记录下自己的心情，并与同伴和老师分享。

【活动评析】

本次活动基于中班幼儿的年龄特点，通过抢椅子游戏导入，让幼儿初步感受情绪，然后各环节有序递进让幼儿理解情绪、知道情绪的影响，正视不良情绪，学会调节情绪。在让幼儿理解不良情绪的破坏力这个环节，我们以绘本为载体，巧妙利用《生气的喷火龙》中的故事，让幼儿直观感受到"生气"这样的情绪带来的破坏力，伤人又伤己。本次活动既很好地吸引了幼儿的注意力，又让幼儿在轻松幽默、趣味十足、富有创意的故事里理解了控制情绪的重要性。

陆军军医大学第二附属医院幼儿园　周丹

不贪吃冷饮

✴ **年龄段**：中班

✴ **领域**：健康

【设计意图】

《指南》健康领域目标指出：幼儿应喜欢吃瓜果、蔬菜等新鲜食品。愿意饮用白开水，不贪喝饮料。炎热的夏日里各种美味冷饮深受幼儿喜爱，但幼儿肠胃虚弱，冷饮吃多了会引起腹泻、消化不良等情况。为了让幼儿了解过量吃冷饮对身体造成的危害，我设计了本次活动。

【活动目标】

1.对故事中的冰激凌小姑娘产生好奇心，愿意爱护自己的身体。

2.能利用已有经验发表自己对于吃冷饮等方面的想法，提高自我保健能力。

3.知道吃冷饮的危害，初步了解夏季防暑降温健康知识。

【活动准备】

1.课件PPT、各种食物图片、白板、磁铁。

2.《夏季健康饮食及避暑知识调查表》。

【活动过程】

一、谈话导入，激发幼儿兴趣

师：一年有几个季节？（四季）

师：哪个季节最炎热？（夏季）

师：小朋友们都知道夏季最炎热，那你们有什么方法让我们变凉快吗？

幼儿根据已有经验积极讲述与分享。

师：很多小朋友提到夏季吃冰激凌，那你们喜欢吃冰激凌吗？为什么？

幼儿自由地积极表现并大胆发言。

教师邀请个别幼儿进行讲述。

二、播放课件，知道贪吃冷饮对身体的伤害

师：很多小朋友说喜欢吃冰激凌，那能多吃吗？

幼儿积极讲述。

师：今天我们就来听一个关于吃冰激凌的故事，看看故事中发生了什么？

播放课件，展示故事，幼儿注意倾听与观察。

《冰激凌小姑娘》故事简介：从前，有一个小姑娘，特别爱吃冰激凌，吃起来没完没了，人们就叫她冰激凌小姑娘。有一天，她忽然感觉自己飞了起来，飘呀飘呀，降落在一个陌生的地方。她瞪大眼睛仔细一看，呀，这里的地是巧克力冰激凌铺的，房子是草莓冰激凌盖的，墙是橘子冰激凌垒的，原来这里是冰激凌王国！小姑娘高兴极了，一口气吃了八块地砖、十块墙砖。这时，有一个小矮人从一间房子里出来了，他一见小姑娘就说："哎哟，客人来啦！欢迎你，小姑娘，这里有奶油冰激凌、芒果冰激凌、西瓜冰激凌，各种味道的冰激凌都有。"小姑娘可高兴了，吃了一个又一个，吃着吃着，她忽然觉得肚子疼，小矮人拉住她的手说："再吃几个吧，再吃几个吧，这就是我们的饭。"小姑娘肚子疼得受不了了，一着急，醒了过来，原来是个梦。从那以后，小姑娘再也不敢多吃冰激凌了。

师：听完这个故事，你们有什么感受？

幼儿积极发言，教师注意引导幼儿认识到小姑娘再也不敢多吃冰激凌的原因。

讨论：吃冰激凌应该注意什么？

幼儿分组讨论，然后派代表发言。

小结：小朋友的脾胃弱，吃了冷饮后，容易引起肠胃不适，甚至是咳嗽、积食、腹泻等，且冷饮里通常会添加色素、防腐剂等，吃多了以后有损身体健康，所以尽量少吃或不吃。

三、实践操作，了解夏季健康饮食及避暑知识

师：昨天小朋友们跟爸爸妈妈在家都准备了《夏季健康饮食及避暑知识调查表》，现在就让我们拿出调查表和大家一起交流分享吧。

教师引导幼儿根据调查表交流分享调查结果。

互动：

① 我们应该怎样度过炎炎夏日？可以从哪些方面入手？

② 在饮食方面应该注意什么呢？

③ 我们应该掌握哪些避暑知识？

幼儿充分进行交流，教师注意归纳总结。

小结：炎炎夏季，我们可以喝绿豆汤、酸梅汤、温水，吃西瓜、苦瓜、冬瓜、莲子等降暑，虽然吃冷饮如冰激凌、喝可乐等碳酸饮料也能让我们感觉凉爽，但对身体不好，所以要少吃冷饮。当我们感觉热时，也可以扇扇子、吹风扇，空调虽然可以让我们快速感觉凉爽，但不宜长时间吹空调，避免空调病。

师：小朋友们要记牢我们一起交流分享的这些知识。现在老师手里有一些图片，我用磁铁把它们贴在白板上，小朋友们来给它们分分

类，可以吃的放在一起，不可以吃或应少吃的放在一起。

幼儿仔细观察并操作，然后给图片分类。

教师检查操作结果，根据结果纠正并总结。

【活动延伸】

开展清凉一夏半日活动，制作水果沙拉、果茶等，感受不同的清凉方式。

【活动评析】

本次活动结合幼儿年龄特点设计，以幼儿喜欢吃冷饮的话题为出发点，让幼儿积极发言，围绕话题展开讨论，充分调动了幼儿参与活动的积极性。活动各环节思路清晰、过渡自然、层层递进，不仅让幼儿知道了过量吃冷饮的不好之处，还通过交流讨论《夏季健康饮食及避暑知识调查表》，拓宽了幼儿的认知，最后通过实际操作，让幼儿分类归纳老师提供的图片，加深了幼儿对活动主题的理解，很好地达成了教学目标。

山东省滨州市滨城区市东街道中心幼儿园　辛瑞婷

动物大救援

※ **年龄段**：中班

※ **领域**：健康

【设计意图】

《幼儿园教育指导纲要（试行）》（以下简称《纲要》）在幼儿健康领域的目标中明确提出：要让幼儿喜欢参加体育活动，动作协调、灵活，用幼儿感兴趣的方式发展基本动作，提高动作的协调性、灵活性。中班幼儿活泼好动，基本动作更为灵活，敢于尝试、探索各种新的玩法。根据幼儿的年龄特点，我设计了本活动，通过设置不同的障碍，发展幼儿的匍匐爬行、平衡、跳、投掷等能力，提高动作的协调性、灵活性，同时培养幼儿勇于挑战的精神。让幼儿在玩中轻松愉快地学习、创造、成长！让幼儿在游戏活动中自由结伴与交流，学会更好地交往与合作。

【活动目标】

1. 在游戏中锻炼匍匐爬行、平衡、跳、投掷、跑等技能。
2. 在拯救小动物的情景中体验勇往直前的精神，感受与同伴游戏的快乐。

【活动准备】

垫子、沙包、呼啦圈、轮胎、单元桶等。

【活动过程】

一、创设情境，激发兴趣

1.幼儿散点式队形跟着音乐伴奏在教师示范带领下，一起做律动操进行热身运动，活动全身关节。

2.创设游戏情境，激发幼儿兴趣。

师：小朋友们，老师刚刚收到了一条来自森林国王的消息，国王告诉老师森林里的小动物们都被大灰狼抓走了，它请老师帮助它。但老师觉得自己一个人的力量是不够的，需要一群聪明、能干、勇敢的小勇士们帮忙，你们愿意帮助森林国王吗？

3.教师带领幼儿观看救援路线。

师：拯救小动物的路上困难重重，需要穿过草地、通过小河、穿过山路，最后打倒大灰狼才能把小动物们救回来。你们愿意挑战吗？

小结：通过创设游戏情境，激发了幼儿参与活动的兴趣。让幼儿事先熟悉路线，便于快速开展游戏。本次活动能够培养幼儿勇于克服困难的品质。

二、幼儿自由游戏

幼儿熟悉游戏路线后，自由进行游戏。

教师注意观察与引导。

游戏后，组织幼儿交流讨论。

师：请小朋友们说一说自己在游戏中遇到了什么困难，你是怎么解决困难的？

幼儿积极交流。

三、闯关游戏

第一关——穿过草地。

师：首先我们要穿过草地，草地上有一个垫子，我们需要像解放军叔叔一样，匍匐爬行才能过去，因为垫子上方有我们看不见的电网，一不小心就会伤害到我们。小朋友们要身体卧倒，前胸贴地，目视前方，伸左胳膊和右腿，用胳膊的扒力和右腿内侧的推力带动身体前行。

第二关——通过小河。

师：走到了小河边，老狼把桥弄断了，不让我们过去。现在这里有许多石头，我们要从石头上走过去，注意不能掉下去，要不然可能会被河里的大鳄鱼吃掉。小朋友们走石头路时要眼睛看前方，身体站直，双臂打开，保持平衡，这样就能安全地通过小河了。

第三关——穿过山路。

师：老狼在山路上设置了障碍，小朋友需要单脚跳通过这个障碍，穿过山路。在这个过程中，不可以把障碍弄倒，弄倒老狼就会发现我们。

第四关——打倒大灰狼。

师：来到了最后一关，拿起我们的"炸弹"（沙包），打倒大灰狼！注意一定要投准，没有伤到大灰狼，小朋友们就会有危险。

游戏规则：音乐响起，第一个小勇士出发，由于小动物都很重，闯过四关后，每个小勇士只能拯救一个小动物，所以需要小勇士迅速从两侧跑回起点和第二个小勇士击掌后，第二个小勇士才能再出发。注意最后一关必须要打到大灰狼才算拯救成功，没有打到可以多尝试几次。

四、交流分享

游戏后，请幼儿交流分享感受。

师：小朋友们，你们玩得开心吗？谁愿意来讲一讲感受？

邀请个别幼儿讲述动作要领。

师：小朋友们通过闯关游戏掌握了很多动作要领，你们真棒。今天，小小勇士们表现得都十分勇敢，所有的小动物都被成功营救出来了，老师给你们鼓掌。

师幼一起收拾整理玩教具，活动结束。

【活动延伸】

鼓励幼儿在户外游戏时创新游戏玩法，进一步锻炼动作技能。

【活动评析】

本次活动采用引入教学情境，然后进行探究的学习方法，先让幼儿自由探索游戏的玩法，然后进行闯关游戏。幼儿在玩中学、玩中练、玩中体验体育活动的乐趣，不仅掌握了动作技能，也从中学会了如何克服困难和解决问题。在整个活动中，幼儿始终兴趣高涨，积极主动，真正体现了幼儿的主体性，成功达成了教学目标。

山西省晋城市凤鸣幼儿园　车丽芳

保护眼睛

✻ **年龄段**：大班

✻ **领域**：健康

【设计意图】

《指南》健康领域中指出：5—6岁应主动保护眼睛，不在光线过强或者过暗的地方看书。现在小朋友对电子产品很感兴趣，看书或者画画、写字姿势不正确等一些不好的用眼习惯导致孩子小小年纪就视力不好，有的小朋友近视后甚至要戴眼镜。为了让幼儿具备主动保护眼睛的意识，我设计了本次活动，让幼儿在亲身体验中感受眼睛看事物模糊的不舒服，再通过实验了解眼睛成像的原理，知道近视眼看不清楚事物的原因，激发幼儿保护眼睛的意识，帮助幼儿自觉养成良好的用眼习惯。

【活动目标】

1. 知道保护眼睛的重要性，了解保护眼睛的方法。
2. 通过实验了解眼睛成像的过程，充分感受健康的眼睛和近视眼看东西的差别。
3. 萌发保护眼睛的意识，学习眼保健操。

【活动准备】

1. 小朋友戴眼镜的图片、保护眼睛的方法视频。
2. 实验材料：蜡烛、打火机、白板、两块凸透镜、一块凹透镜。

【活动过程】

一、图片导入，引发幼儿的兴趣

师：小朋友们来看一下这些图片，你们发现了什么？

幼儿仔细观察，教师注意引导幼儿发现图片中的小朋友都戴眼镜。

师：小朋友们知道他们为什么戴眼镜吗？

幼儿根据自己的经验进行分享。

小结：不正确使用眼睛是会导致近视的。

二、小实验：为什么看不清楚

师：眼睛是怎样看到东西的呢？让我们一起来看看视频，了解一下吧！

播放科普视频，了解眼睛看东西的原理。

师：原来眼睛看到的东西是物体反射光，通过眼睛上的晶状体折射并成像于视网膜上，再由视觉神经感知传给大脑的。可是如果长时间不注意用眼健康后眼睛的晶状体会变凸变厚，就会看不清楚东西。

师：小朋友们记住了吗？现在让我们来做一个实验。

实验操作：正常眼睛与近视眼看东西的区别。

教师边实验边进行阐述：关闭教室灯光，点燃蜡烛（假设为需要看到的物体），用一块凸透镜代替眼睛内的晶状体，放在蜡烛和白板之间，白板上可以观察到清晰的蜡烛火苗。眼睛近视后，晶状体变凸变厚（将两块凸透镜合在一起），白板上的火苗变得模糊了。现在再加入一个眼镜镜片（模拟人近视后佩戴的眼镜），白板上又出现了清晰的蜡烛火苗。

师：小朋友们，你们现在知道眼镜的作用了吧！

三、成立护眼小分队，了解保护眼睛的办法

师：近视眼看到的东西是什么样的？让我们一起感受一下吧！

出示清晰与模糊的照片对比图，感受近视眼的不适。

师：看到这些对比图，小朋友们有什么感受？

幼儿积极发言。

师：近视了就要戴眼镜，谁来说说戴眼镜有什么不方便。

邀请戴眼镜的小朋友或者接触过戴眼镜的人的小朋友重点分享。

小结：近视戴眼镜虽然可以看清东西，但也有很多不便，比如冬季镜片会出现雾气、跑步的时候眼镜会掉等。

师：了解了这些，我们知道了正确用眼的重要性，那么你们知道哪些保护眼睛的方法呢？

幼儿积极分享。

师：眼睛是心灵的窗户，眼睛近视后会有很多的不方便，刚刚大家也说了自己知道的保护眼睛的方法。现在让我们变身护眼小分队，请大家自由分成两组，小组讨论后，将讨论出的方法写在白纸上吧。

经验梳理——保护眼睛的好办法：

① 增加户外活动时间；

② 看书和看电子产品的时间要适量；

③ 看书要保持良好的坐姿；

④ 看书用眼时要保持舒适的光线；

⑤ 多看绿色植物；

⑥ 多吃胡萝卜等含叶黄素多的食物；

⑦ 适度用眼，眼睛疲劳时可以做一做眼保健操。

师：这些保护眼睛的方法，小朋友们要记住哦。

师：接下来让我们来一起做一做眼保健操吧，小朋友们要好好

学哦。

教师跟着音乐边念儿歌边带领幼儿做眼保健操。

大家一起来做眼睛体操，1、2、3、4、5，开始咯！

眼睛向左看5秒，1、2、3、4、5，回到中间停一下；

眼睛向右看5秒，1、2、3、4、5，回到中间停一下；

眼睛向上看5秒，1、2、3、4、5，回到中间停一下；

眼睛向下看5秒，1、2、3、4、5，回到中间停一下。

接下来呢，闭上小眼睛，刮5下眉毛，1、2、3、4、5；

然后闭上小眼睛，摸5下鼻子，1、2、3、4、5；

现在睁开你的小眼睛，保护眼睛要勤劳！

【活动延伸】

在阅读区投放关于保护眼睛的绘本故事，供幼儿自主阅读。

【活动评析】

本次活动以幼儿亲身感受为主，通过对比图片了解近视眼和正常眼睛看东西的不同，幼儿直观感受近视眼（戴眼镜）给我们的生活和学习带来的不便；与自己的已有经验有效地结合，了解保护眼睛的重要性；最后通过集体及分组讨论，激发幼儿的主动性，引导他们做一名护眼小卫士，养成良好的用眼习惯。

重庆市新桥医院幼儿园　杨雨蕉

海上小纵队

* **年龄段**：大班

* **领域**：健康

【设计意图】

《指南》指出：大班幼儿要具有一定的平衡能力，动作协调、灵敏。幼儿园应当利用多种活动和材料为幼儿提供相应的锻炼机会，发展幼儿的身体平衡和协调能力。对大班幼儿来说，以平衡木为主要器材的体育活动，其趣味性和挑战性已显不足。为此，我们试图以波速球为主要材料，设计有趣的游戏情境来开展活动，支持大班幼儿进一步积累保持身体平衡的运动经验，提高身体的平衡能力与协调能力。

【活动目标】

1.初步学习快速、平稳地站立于波速球上，提升身体动作的协调性、灵活性。

2.利用波速球摇晃的特性，找到球身上最稳定的站立点，通过放低身体重心等方法，保持身体平衡。

3.体验与同伴合作站立于"大船"上的乐趣，增强团队合作意识。

【活动准备】

1.物质准备：波速球、标志桶3个。

2.经验准备：幼儿有双手平举、膝盖微曲以保持身体平衡的运动经验。

【活动过程】

一、情境导入，感知波速球的特性

师：小朋友们，我们要成立海底小纵队，出海游戏了！但是要怎样才能在海上自由航行呢？

幼儿积极发言。

师：小朋友们提到了很多方法，也有小朋友谈到了坐船的经历，我们今天出海就要用到小船。看，这是波速球，它就是我们今天的小船哦。出发前，我们先来利用波速球活动一下身体吧！

小结：幼儿分组通过波速球开展热身运动，既活动了身体，又感知了波速球的特性。

二、探索保持身体平衡的方法

师：大家通过波速球活动了身体，谁来说说自己的感受？

幼儿积极发言。

师：是的，波速球跟平衡木不一样，因为波速球软面朝下，更加不容易站稳。请小朋友们讨论在软面朝下的波速球上站稳的方法，大家都说一说吧。

幼儿积极发表看法。

师：请小朋友们再次站在波速球上尝试如何站稳。

幼儿进行尝试。

小结：双脚要站在球面的中心位置，双膝微屈，挺胸抬头。

师：小朋友们掌握了在波速球上站稳的方法，现在我们一起向大海出发吧!

三、玩游戏,提升身体动作的协调性、灵活性

1.第一轮游戏。

师:海面上有风浪,小船摇摇晃晃,请小朋友们在摇摇晃晃的情况下想办法站稳。

幼儿自由探索,要求在摇摇晃晃的情况下找到站稳的方法。

小结:要站稳就需要找到一个平衡点,如果晃动就需要通过调整位置来保持平衡。

2.第二轮游戏。

师:快看,"鲨鱼"来了,"鲨鱼"总是来攻击我们,我们要躲避"鲨鱼",小船摇晃得更厉害了,该怎么办呢?

小结:幼儿面对新的挑战,积极探索站稳的方法,进一步加强了身体的平衡性与灵活性。

3.第三轮游戏。

师:面对越来越大的风浪,我们的船太小了,容易翻,让我们来建造一艘坚固的大船吧!

小结:要求每队用小船组建一艘大船,团队协作探索站稳波速球的方法。

4.第四轮游戏。

师:风浪太大,大船船尾被大风吹掉了,我们该怎么办呢?

小结:减少波速球个数,探索多人平稳站立于波速球上的方法。

师:小朋友们真厉害,大家团结一致在数量很少的波速球上站得稳稳的。

四、经验分享,提升认知

师:我们通过游戏,体验了不同情况下在波速球上站稳的方法,请大家分享感受。

幼儿积极分享，讲述经验。

师：多人平稳站立在波速球上是最难的，谁愿意重点分享一下多人平稳站立在波速球上的经验？

幼儿积极表现，教师邀请个别幼儿发言。

放松身体，活动自然结束。

【活动延伸】

户外活动时引导幼儿通过波速球创意玩法。

【活动评析】

波速球对于我班幼儿来说是一种新材料，软面朝下时能360度晃动，与传统的运动器械相比更具挑战性。兴趣是最好的老师，我们利用游戏情境贯穿活动始终的方法，让幼儿积极主动参与活动，成为活动的主人。活动中幼儿不断探索在不同情境下如何在波速球上站稳。幼儿对技能的掌握层层递进，本次活动满足了不同能力水平幼儿的发展需要，让每名幼儿在活动中都能找到适合自己的锻炼机会。同时本次活动也培养了幼儿勇于挑战、团结协作的良好品质，有助于幼儿在今后的成长中更好地发展。

四川省成都高新区和美实验幼儿园　陈彬　戚丽萍

安安全全大循环

* 年龄段：大班
* 领域：健康

【设计意图】

《幼儿园工作规程》指出：幼儿园必须把保护幼儿的生命安全和促进幼儿健康成长放在工作首位。我园本学期大班开展了综合体育大循环活动，为了让幼儿具备安全意识、提升自我保护能力，避免运动中同伴间的伤害，我设计了本次活动，旨在和幼儿通过集体讨论，分析攀爬、翻滚、匍匐、平衡等环节中的安全因素，寻求避免危险的对策，让幼儿掌握并遵守户外体育大循环中的安全行为规则（动作规则）、秩序规则，达到让幼儿安安全全进行户外体育大循环的目的。

【活动目标】

1.通过活动，讨论、总结体育大循环活动中的安全问题，学习并掌握相应的对策与方法。

2.通过活动，感受有序、安全地参加体育运动的重要性，进一步提高安全意识和自我保护能力。

【活动准备】

教学课件及相关图片。

【活动过程】

一、激发兴趣，引出话题

师：小朋友们都参与了体育大循环活动，你们喜欢玩吗？

幼儿积极发言，活跃氛围。

师：大家在参与体育大循环活动前后要做热身运动和放松运动，谁知道是为什么吗？

幼儿积极发表自己的看法。

小结：活动前活动各身体部位就是将身体的各个关节、肌肉活动开，运动的时候不容易受伤。活动结束后活动身体是为了让身体放松，使肌肉松弛下来，让原本处于剧烈运动的精神状态恢复到相对平稳的状态。

师：运动时，对服装有什么要求吗？为什么？

幼儿积极发言。

小结：运动时要穿运动裤、运动鞋，方便运动。

二、讨论问题，总结经验

师：怎样安全上滑梯？

幼儿自由讲述，教师归纳总结。

经验梳理：上滑梯时可以助跑，快速上滑梯。为了避免碰撞，后面上滑梯的小朋友要注意把握上滑梯的时机，不可急于往上爬。

师：攀爬架会出现什么安全问题呢？有哪些注意事项？

幼儿自由讲述，教师归纳总结。

经验梳理：攀爬方法要正确，如手脚并用，确保手脚交替协调攀爬。攀爬的时候要与同伴保持适当的距离，禁止在攀爬架上、下打闹。

师：跨跳栏的时候要注意什么？

幼儿自由讲述，教师归纳总结。

经验梳理：跨跳时要注意后脚抬高，掌握正确的跨跳方法，避免摔倒受伤。

师：匍匐前进的时候又该注意什么呢？

幼儿自由讲述，教师归纳总结。

经验梳理：匍匐前进时手臂和腿部同时向前移动，保持步伐平稳，注意保持身体平衡。如果网下的小朋友匍匐着突然不动，就会妨碍后面的小朋友前进，甚至发生碰撞，所以一定要控制好与前面小朋友的距离。

师：游戏时过 S 弯应该注意什么？

幼儿自由讲述，教师归纳总结。

经验梳理：过 S 弯时不能跑太快，要注意观察并放慢速度，避免发生碰撞。

师：走平衡木时，有小朋友觉得前面的小朋友走得慢，就用手推他，这种行为对吗？为什么？

幼儿自由讲述，教师归纳总结。

经验梳理：这种行为是错误的，应该不推不挤，眼睛往前看，胳膊保持平衡，小心但又要大胆地走平衡木。

师：跑步时，后面的小朋友去踩前面小朋友的脚正确吗？

幼儿自由讲述，教师归纳总结。

经验梳理：这种行为是错误的，并相当危险，易引发事故，小朋友一定要遵守运动规则。

三、受伤了怎么办

师：进行体育运动，如果不小心受伤了怎么办？

幼儿积极讲述。

教师梳理策略：①皮肤擦伤，要消毒抹药；②扭伤要用毛巾包冰块冷敷，24小时后热敷；③骨折要及时就医。

【活动延伸】

后续多开展丰富多彩的体育大循环活动，并不断地更换体育循环中的器械。在增强幼儿动作协调能力和躲闪能力的同时，帮助幼儿学会应对体育大循环中的各种问题，巩固幼儿遵守规则的意识及安全防护意识。

【活动评析】

本次活动基于课程需求而设计，整个活动以"安全"这一主线贯穿始终，幼儿积极性高，思维活跃，活动中师幼互动式的提问为活动目标的达成起到不可低估的作用。通过不断的讨论，幼儿越发清晰地认识到安全的重要性，有效增强了幼儿活动时的安全意识，相信他们在以后户外大循环或体育活动时会注意遵守游戏规则，安全、有序地运动。

河南省郑州市金水区新建幼儿园　陈莉娜

语言

啊呜啊呜

* 年龄段：小班

* 领域：语言

【设计意图】

《啊呜》是一个深受小班幼儿喜爱的绘本故事，这个故事以风趣幽默的手法描写了四个可爱的小动物探索和想象黑屋子里的一个不为人知的东西。每个主人公都以自己所见的模糊影像作为想象的依据，用同样的动作、同样的表情、类似的答案描述了"啊呜"，夸张地描绘出一个可怕的形象。最后，小熊以自己的勇敢揭开"啊呜"的真面目时，小朋友们明白只有不怕黑、勇敢探索才能发现小黑屋里的秘密。幼儿语言发展的关键是创设一个能使他们想说、敢说、喜欢说、有机会说并能得到积极应答的环境。同时，教师及家长要鼓励幼儿大胆、清楚地表达自己的想法和感受，促进幼儿语言表达能力和思维能力不断发展。基于幼儿对绘本故事的喜爱以及语言发展的要求，我设计了"啊呜啊呜"活动。

【活动目标】

1. 能根据故事提供的线索联系生活经验，大胆想象与表达。
2. 观察图片，感受故事人物的心理变化，知道勇敢的重要性。

【活动准备】

课件、草地背景板、自制小黑屋、手偶（小兔、小猴、小猫、小熊）。

【活动过程】

一、一间小黑屋

师：天气真好，四个可爱的小动物在草地上玩儿，它们是谁呀？

幼儿猜测并根据想象发言。

师：这四个小动物分别是小兔、小猴、小猫、小熊，它们玩着玩着来到一间屋子前，屋子里黑黑的，四个小动物都很想知道黑乎乎的屋子里有什么。小朋友们猜猜看，小黑屋里会有什么呢？

幼儿大胆猜想并积极发言。

师：小朋友们真棒，说出了很多猜想，我们先来一起竖起耳朵听一听。

播放课件里"啊呜"的声音，引起幼儿的兴趣。

师：这是什么声音？你们在哪里听到过这个声音？

幼儿大胆表达。

小结："啊呜"好像是吃东西的声音，也有可能是动物的叫声……

师：究竟是什么呢？我们和小动物们一起去看一看吧。

二、小黑屋探秘

1.小兔的大胆探秘。

教师利用手偶表演小兔子观看小黑屋里的东西。

小兔说："让我看看，不得了啦，桌子上有个'啊呜'，脑袋又大又圆！"

提问：

（1）小兔看到"啊呜"的形状是什么样的？

（2）都有什么东西是又大又圆的？

幼儿充分想象并发言。

2.小猴的大胆探秘。

小猴说："让我看看，真的，'啊呜'的脸雪白雪白的！"

提问：

（1）小猴看到的"啊呜"是什么样的？

（2）还有什么东西是雪白雪白的呢？

幼儿充分想象并发言。

3.小猫的大胆探秘。

小猫说："让我看看，不得了啦，'啊呜'的眼睛鲜红鲜红的！"

提问：

（1）小猫看到的"啊呜"是什么样的？

（2）还有什么东西的眼睛是鲜红鲜红的？

幼儿充分想象并发言。

小结：通过三个小动物逐一讲述自己发现的"啊呜"的线索，引发幼儿对形状、颜色等的联想。

三、找到"啊呜"

师：接下来该谁探秘了？（小熊）

小熊说："我不怕，让我进去看看。"

师：小熊把房门推开，走了进去。小熊好勇敢！我们来夸一夸小熊吧。

提问：

（1）小熊为什么进小黑屋里不出来？

（2）有可能发生了什么事？

幼儿充分想象并发言。

师：让我们打开小黑屋的门看一看吧。

师幼一起探秘，揭晓答案。

小结：原来"啊呜"不是怪物，是小狗吃奶油大蛋糕的声音呀！

师：看，小熊正和小狗"啊呜啊呜"地吃奶油蛋糕呢。

师："啊呜啊呜"真好吃，我们一起学学他们"啊呜啊呜"吃蛋糕吧！

幼儿进行模仿。

四、我敢找"啊呜"

师：小黑屋下面还有一层，里面也藏着"啊呜"，你们敢不敢像小动物们一样找找"啊呜"？

请一名幼儿上来把手伸到小洞洞里摸一摸，告诉其他小朋友摸到了什么。

师：还有谁愿意来试试呢？

幼儿积极表现与体验。

师：你们聪明又勇敢，都找到了小黑屋里的"啊呜"！

小结：通过让幼儿自己动手找"啊呜"，鼓励幼儿遇事要勇敢，激发幼儿对黑暗中的事物的探索欲望。

【活动延伸】

在区域活动时，投放更多盲盒，供幼儿探秘并积极讲述。

【活动评析】

《纲要》指出：既符合幼儿的现实需要，又有利于其长远的发展；既贴近幼儿的生活，又有助于拓展幼儿的经验和视野。本次活动依据幼儿的年龄特点，基于幼儿的兴趣设计，活动中注重让幼儿和小动物们一起猜想小黑屋里的东西，并积极描述。幼儿在猜测与表达中没有固定答案，充分调动自己的生活经验大胆猜想并进行讲述。活动过程中，幼儿的表现自由、大胆，很好地发展了幼儿的想象力与语言表达能力。本次活动尽可能兼顾到每一名幼儿,让孩子们在和同伴的互动中获得愉快的情感体验,同时学会勇敢,遇到事情敢于挑战与探索。

上海市松江区泗泾第八幼儿园　杨萌

幼儿园五大领域优质课精选50例

贪吃的变色龙

* 年龄段：小班

* 领域：语言

【设计意图】

小班幼儿在日常人际交往中，由于缺乏语言经验，不能用清晰的语言进行表达，对物体颜色的表述也习惯用单一的颜色表达。《纲要》指出，要鼓励幼儿大胆、清楚地表达自己的想法和感受，尝试说明、描述简单的事物或过程，发展语言表达能力。《指南》中也提出：幼儿能听懂短小的故事，会看画面，能根据画面说出图中有什么、发生了什么事。

根据小班幼儿的年龄特点，我们选择了《贪吃的变色龙》，绘本画面颜色变化丰富，故事新颖，描写生动形象，非常适合小班幼儿的语言发展水平，对幼儿有足够的吸引力，能有效提升幼儿的表达能力和想象力。

【活动目标】

1.能够愉快欣赏故事，感受有趣的故事情节。

2.尝试根据一定的线索猜测故事，能用简单的语言大胆表达。

3.尝试用"变色龙吃了××颜色的××，变成了××颜色"的句式表达自己的想法。

【活动准备】

物质准备：绘本PPT、不同水果的卡片、被吃掉物品的图片及相应颜色的变色龙图片。

经验准备：知道并能说出常见的颜色和不同水果的颜色。

【活动过程】

一、出示绘本，引起幼儿兴趣

师：今天老师要给小朋友讲一个故事，故事的名字叫作《贪吃的变色龙》。故事中变色龙是森林里的魔术家，它不仅会变魔术，还很喜欢吃东西，而且什么都吃。你们听，它又开始吃东西了！

播放变色龙吃东西的声音，幼儿注意倾听。

师：它吃得多香啊，它在吃什么呢？

幼儿大胆猜测，积极发言。

小结：通过谈话制造神秘感，激发幼儿参与活动的积极性。

二、引导幼儿根据线索猜测故事情节

1.引导幼儿感受、讲述变色龙"尾巴变成红色"的过程。

讲述故事：有一天呀，变色龙肚子很饿，他找呀找呀找，找到了什么呀？

引导幼儿注意观察课件。

提问：

（1）变色龙嘴巴里有什么？

（2）玩具汽车是什么颜色的？

小结：变色龙嘴里叼着红色的玩具汽车。

师：变色龙会变颜色，吃了这辆红色的玩具汽车，它会有什么变化呢？

注意引导幼儿观察。

师：变色龙哪里变颜色了？

小结：贪吃的变色龙吃了红色的玩具汽车，尾巴变成了红色。

2.引导幼儿完整讲述变色龙"身体变成黄色"的过程。

讲述故事：变色龙吃掉了一个红色的玩具汽车后，还是觉得很饿，因为呀，他的身体这么大，那个玩具汽车那么小。

师：你们觉得变色龙吃饱了吗？

幼儿猜测并回答。

师：你们猜猜它还想吃什么呢？

幼儿猜测并发言。

师：现在让我们来看看它吃掉了什么吧。

幼儿认真观察课件。

小结：变色龙吃掉了黄色的桌子，身体变成了黄色。

师：变色龙又变色了，谁能讲述它吃了什么变成了什么颜色？

引导幼儿大胆表现。

小结：让幼儿完整讲述变色龙的颜色变化，有助于提高幼儿的语言表达能力。

3.鼓励幼儿大胆讲述变色龙"四肢变成绿色"的过程。

讲述故事：贪吃的变色龙发现自己吃了什么就会变成什么颜色。它觉得身体的颜色变来变去很有趣。然后呀，它就跑到外面去找呀找，看看自己还可以变成哪些颜色。

引导幼儿自主观察课件。

提问：

（1）变色龙把什么吃掉了？

（2）大树是什么颜色？

（3）变色龙有什么变化？

引导更多幼儿积极讲述自己的发现。

小结：变色龙吃掉了绿色的大树，四肢变成了绿色。

4.鼓励幼儿大胆猜测"变色龙变成黑色"的过程。

引导幼儿注意观察课件。

师：变色龙怎么不见啦？你们能看到它吗？它变成了什么颜色呀？

小结：变色龙变成了黑色。

师：那有没有小朋友告诉我，它为什么会变成黑色的？

幼儿猜测。

师：很多小朋友说变色龙吃了黑色的东西所以变黑了，那我们一起来看看贪吃的变色龙是不是吃了黑色的东西吧！

小结：原来呀，贪吃的变色龙看到了自己的影子，看起来好像很好吃，于是就把自己的影子一下吸进了嘴里，它的身体马上就发生了变化——慢慢地变成了黑色。

三、回顾梳理，提升经验

1.引导幼儿用"贪吃的变色龙吃了××变成了××颜色"造句。

（1）幼儿自由讲述。

（2）教师邀请幼儿讲述。

2.引导幼儿创编故事，加深对故事的理解，积累知识，储备经验。

师：老师这里有很多不同水果的卡片，我们来创编故事吧。

（1）出示火龙果卡片。

师：火龙果是什么颜色呢？变色龙吃了火龙果会怎么样？

（2）出示猕猴桃卡片。

师：猕猴桃是什么颜色呢？变色龙吃了猕猴桃会怎么样？

（3）出示香蕉卡片。

师：香蕉是什么颜色呢？变色龙吃了香蕉会怎么样？

3.激发幼儿根据已有生活经验，自主创编故事的积极性。

师：小朋友们吃过很多好吃的东西，现在大家想想对哪些食物印象深刻，并以此创编故事吧。要求用到"贪吃的变色龙吃了××变成了××颜色"哦。

小结：自主创编，激发幼儿的想象力，锻炼语言讲述能力。

【活动延伸】

在阅读区投放更多食物卡片，持续保持幼儿的探究热情，创编出更多故事，不断提高幼儿的认知水平。

【活动评析】

本活动以"贪吃的变色龙"这一情境为主，采用多种教学方法，如图片展示、互动游戏等，营造轻松愉快的氛围，鼓励幼儿联想与颜色相关的物品，并用完整句式进行表达。这不仅促进了幼儿语言表达能力的发展，也提高了他们的色彩感知能力、思维能力、想象力及创编能力。在活动最后，积极鼓励幼儿调动生活经验自主创编故事，有效调动了幼儿的知识经验，进一步拓展、丰富了幼儿的认知，为幼儿学习品质的形成打下了良好的基础。

湖北省咸宁市直属机关幼儿园 李思怡

鸡蛋哥哥

✳ **年龄段**：中班

✳ **领域**：语言

【设计意图】

幼儿到了中班，表达能力有所增强，表达欲望也很强烈，但当他们看图编故事时，又很难根据图片猜测故事情节和人物想法。《纲要》指出，语言能力是在运用的过程中发展起来的。基于幼儿喜欢阅读绘本故事的年龄特点，我便设想要通过绘本教学帮助幼儿理解故事内容，培养幼儿猜测故事情节、讲述故事的能力。

生活中幼儿都有吃鸡蛋的经验，我们围绕鸡蛋展开了一系列班本化活动。在这一系列活动的组织与实施中，我们充分发挥家长资源，收集了很多有趣且经典的绘本。幼儿对图书区投放的《鸡蛋哥哥》绘本很感兴趣，它的画面很简单，画风很可爱，但故事中蕴含的深意幼儿却较难自己理解。为此，我设计了本次活动，希望通过活动中的不同环节，帮助幼儿理解故事内容，懂得其中蕴含的道理，提高幼儿的整体能力。

【活动目标】

1.理解鸡蛋哥哥的情绪转变，感受直面成长的勇气。

2.能根据重要情节猜测人物内心,能做出选择并尝试表述理由。
3.通过活动,提高幼儿猜测故事的能力,提升语言表述能力。

【活动准备】

绘本故事、PPT课件。

【活动过程】

一、认识主角,引出故事

师:小朋友们都吃过鸡蛋,见过鸡蛋,还玩过好玩的蛋壳画,谁来讲一讲自己跟鸡蛋的有趣故事?

幼儿积极表现与讲述。

师:小朋友们讲得都很好,今天老师给你们带来了一个故事,故事的主人公叫"鸡蛋哥哥"。

展示《鸡蛋哥哥》绘本,引导幼儿注意观察。

师:这会是一个什么样的故事呢?小朋友们猜猜看。

幼儿猜测并积极讲述。

师:小朋友们都说了自己的看法,那故事到底讲了什么呢?我们来一起学习吧。

二、观察画面,解读情绪,做适当猜想

1.讲述蛋壳裂缝前的故事。

教师结合PPT课件讲述故事,帮助幼儿了解鸡蛋哥哥的想法。

提问:

(1)你们觉得鸡蛋哥哥想长大吗?为什么?

(2)你们觉得做鸡蛋好还是破壳而出做小鸡好?说说你的想法。

幼儿充分讨论与发言。

师:小朋友们说了自己的想法,现在让我们来听听鸡蛋哥哥是怎么说的？

幼儿倾听故事。

师：鸡蛋哥哥不想长大的原因是什么？

小结：鸡蛋哥哥想要妈妈抱，想要一直获得大家的爱和包容，所以他想一直做鸡蛋，不想长大！正因不想长大，鸡蛋哥哥特别害怕乌鸦，怕乌鸦啄破了他的蛋壳。

2.讲述蛋壳裂缝后的故事。

教师结合PPT课件讲述故事，帮助幼儿感受鸡蛋哥哥的变化。

提问：

（1）鸡蛋哥哥撞到了什么？

（2）鸡蛋哥哥撞到石头后的心情怎样？

幼儿充分讨论与交流，然后积极发言。

小结：鸡蛋哥哥撞到石头后担心了一整晚，惆怅得睡不着觉，他怕自己的蛋壳出现裂缝。

师：天亮了，正如他担心的那样，蛋壳裂开了，他真的要长大了。看到长大后的鸡蛋哥哥，他的妈妈和弟弟的表现是怎样的？（看到长大后的鸡蛋哥哥，大家都开心极了）

三、分享交流，感受爱意

师：听完故事，现在，你觉得鸡蛋哥哥还害怕长大吗？

幼儿充分交流与分享。

师：鸡蛋哥哥不再害怕长大，那么小朋友们，你们担心长大这件事吗？

幼儿分组讨论，最后派代表发言。

小结：长大是每个人都必经的过程，在成长的路上，无论我们是小宝宝，还是长大了，爸爸妈妈都会爱我们如初，所以我们要学会勇敢地面对长大。

【活动延伸】

开展"我长大了"主题活动,让幼儿感受自己的成长带来的变化,培养责任意识。

【活动评析】

本次活动的氛围是轻松自由的,幼儿在学习故事中猜一猜、说一说、辩一辩,很好地理解了故事内容。教师在活动中注重引导幼儿关注鸡蛋哥哥在破壳前和破壳后的情绪变化,通过理解、感受故事情节,让幼儿体会当鸡蛋哥哥不得不破壳而出后的释然,明白每个人都要长大、万物都会生长,从而帮助幼儿正确面对长大,不再害怕长大,做努力破壳的小鸡,体会不一样的人生。

上海市松江区蓝天幼儿园 吴忆佳

秋天的颜色

✳ **年龄段**：中班

✳ **领域**：语言

【设计意图】

《秋天的颜色》是一篇优美的散文诗。它从多角度描绘了秋天的变化，以及秋天绚丽多彩的颜色，重复的句式更加便于幼儿记忆和理解。《指南》语言领域中指出：语言活动中，引导幼儿建立画面与内容的联系，和幼儿一起回忆并有条理地说出大致内容。本次活动关注到活动内容要与幼儿已有经验相契合，因此通过视频、音频、图片等让幼儿感知散文诗的意境及优美的语言。幼儿能够通过表情、动作、抑扬顿挫的声音和表演等，表达自己对散文诗的理解，传达散文诗中的意境美，体会其感染力和表现力。同时，4—5岁的幼儿正是语言发展的关键期，通过仿编活动，可以发展幼儿的语言表达能力和思维能力，还能提高幼儿与同伴交流的能力，促进幼儿社会性的发展。

【活动目标】

1.初步感受散文诗的意境美，愿意在集体面前大胆表达，萌发对文学作品的兴趣。

2.通过理解散文诗，尝试对散文诗的句式结构进行单句仿编，提高逻辑思维及语言表达能力。

3.学习有感情地朗诵散文诗，培养对散文诗的兴趣。

【活动准备】

1.物质准备：秋天场景图、PPT课件、背景音乐、各种颜色的纱巾、秋季水果、秋收农作物图谱。

2.经验准备：幼儿对秋天的特征有一定的了解。

【活动过程】

一、展示秋天场景图，激发幼儿参与活动的兴趣

师：小朋友们，仔细观察图片，这是什么季节？（秋天）

师：谁愿意说说秋天都有什么？

鼓励幼儿大胆表达，激发幼儿兴趣。

师：大家发现了这么多秋天的秘密！今天老师还带来了一首散文诗《秋天的颜色》，让我们一起听一听散文诗中秋天的秘密吧！

二、欣赏散文诗，感知秋天的多彩

教师朗诵散文诗《秋天的颜色》。

秋天是一幅美丽的图画，美在哪儿呢？我乘上一片落叶做的小船，要去看看美丽的秋天。一阵秋风吹来，我感到凉丝丝的。呀，秋天还送来一阵阵的香味。我看到秋天里有许许多多的颜色，真美！那秋天到底是什么颜色的呢？我问小草，小草轻轻地告诉我："秋天是黄色的。"我问枫叶，枫叶沙沙地告诉我："秋天是红色的。"我问菊花，白菊花悄悄地告诉我："秋天是白色的。"我问松树，松树大声地告诉我："秋天是绿色的。"我问大地，大地骄傲地告诉我："秋天是绚丽多彩的。"啊！我终于明白了秋天美丽的颜色。

师：听了这首散文诗，你有什么感觉？

幼儿积极发言。

师：散文诗中提到了哪些颜色？是谁告诉我们这些颜色的？

幼儿积极表现，教师邀请两名幼儿作为代表发言。

师：秋天有这么多颜色，真美啊！但为什么秋天在不同的人眼里是不同的颜色呢？

引导幼儿学说散文诗，重点学说散文诗中小草、枫叶、白菊花、松树、大地说的话。

提问：

（1）小草是怎么告诉我们的？（小草轻轻地说秋天是黄色的。）

（2）枫叶是怎么告诉我们的？（枫叶沙沙地说秋天是红色的。）

（3）白菊花是怎么告诉我们的？（白菊花悄悄地说秋天是白色的。）

（4）松树是怎么告诉我们的？（松树大声地说秋天是绿色的。）

（5）大地是怎么告诉我们的？（大地骄傲地说秋天是绚丽多彩的。）

师：我们学习了它们的话，发现小草说话是轻轻的、枫叶说话是沙沙的、白菊花说话是悄悄的、松树说话是大声的、大地说话是骄傲的，现在让我们准确地模仿它们说话吧。

幼儿准确模仿，重点突出轻轻的、沙沙的、悄悄的、大声的、骄傲的语气。

师：小朋友们模仿得真棒，那为什么它们觉得秋天的颜色不一样呢？

播放视频，幼儿注意观看。

小结：小草到了秋天会变黄、枫叶到了秋天会变红、白菊花在秋天开放、松树一年四季常绿，正是因为有了这么多颜色，所以秋天的大地是绚丽多彩的。

三、幼儿朗诵散文诗，感受意境美

引导幼儿尝试有感情地朗诵。

师：小朋友们想不想试一试有感情地朗诵《秋天的颜色》呢？

（1）幼儿自主朗诵。

（2）给幼儿提供图谱，两人一组合作朗诵。

师：小朋友们有感情的朗诵，让我感觉秋天真是个美丽的季节。

注意引导幼儿发现散文诗的语言美。

四、句式仿编，提高创作能力

师：秋天除了枫叶是红色的，还有什么是红色的？谁来说一说？

幼儿积极发言。

师：如果我们把它编到散文诗里可以怎么说呢？谁能来试一试？

启发幼儿思考，尝试创编。

教师邀请个别幼儿进行展示。

师：小朋友们说得真不错，老师这里有一些秋天的果实也想加入到我们的散文诗里来，请小朋友选择一个喜欢的水果，把它编到散文诗中吧。

幼儿积极创编，教师注意收集幼儿的创意。

【活动延伸】

1. 带领幼儿大胆描绘秋天的颜色。
2. 把幼儿创编的散文诗粘贴在语言区，鼓励幼儿继续创编。

【活动评析】

秋季是绚丽多彩的，幼儿都经历过秋季，也有过秋游的经历，幼儿丰富的生活经历为本次活动做了很好的铺垫。本活动通过让幼儿"说说秋天都有什么"成功激发幼儿的活动兴趣，然后师幼一起欣赏散文诗。通过背景音乐的渲染、教师有感情的朗诵，引导幼儿感受散文诗的意境美。接着让幼儿学说散文诗，通过说一说、学一学、做一做等，让幼儿感知、理解散文诗。在幼儿对散文诗有了一定的理解后，同伴合作边操作图谱边朗诵散文诗，发现散文诗的语言美，为下一步的创编做好准备。创编部分是本次活动的难点，通过幼儿已有经验的迁移，以及教师的启发式引导，鼓励幼儿发现秋天更多美的事物，将已有经验与新经验之间建立有机联系，从而顺利完成创编任务，达到较好的教学效果。

山东省滨州市滨城区第八实验幼儿园 马蕊

"趣"玩西游

* 年龄段：中班

* 领域：语言

【设计意图】

中班幼儿乐于在模仿和游戏中学习，倾听行为逐渐从注意性倾听向辨析性倾听发展。他们的自我意识逐渐觉醒，喜欢在群体中有意识地听和自己有关的信息，并通过动作、语言等进行表达。《指南》中指出：多给幼儿提供倾听和交谈的机会，引导幼儿认真倾听并清楚地表达。于是我设计了本次活动，通过创设唐僧师徒四人西天取经的闯关游戏情境，以听辨单个词汇、听辨长句中的词汇、听辨并接念句子等游戏为途径，支持幼儿在玩一玩、说一说、动一动中积累听与说的经验。

【活动目标】

1.在集体游戏中有意识地听辨与自己相关的信息，并根据听到的内容做出相应反应。

2.能听出句子里正确的《西游记》人物名字，尝试完整接念下一句。

3.在《西游记》闯关游戏中感受"听"与"说"的快乐。

【活动准备】

物质准备：角色装饰、音频、各色圆点。

经验准备：熟悉儿歌《孙悟空打妖怪》、了解《西游记》里的主要人物、玩过水果切的游戏。

【活动过程】

一、儿歌导入，激发兴趣

师：小朋友们，今天我们要一起玩《西游记》的游戏，现在请你们仔细听一首儿歌。

教师播放儿歌音频，幼儿认真倾听。

师：刚才你们都听到了什么？里面有谁？

幼儿积极讲述。

师：现在让我们跟着儿歌一起来说一说吧。

师幼一起说儿歌内容，活跃活动氛围。

二、讨论角色，加深对角色的理解

师：《西游记》是我国经典的文学作品，也有很多相关影视作品，小朋友们看过《西游记》的动画片吗？谁来说一说自己对师徒四人的印象？

幼儿积极讲述。

师：有小朋友提到唐僧穿的红衣服、孙悟空穿的黄衣服、猪八戒穿的黑衣服、沙和尚穿的紫衣服，老师准备了一些相应的布料，咱们来进行角色扮演吧。

幼儿自主选择布料进行装扮。

师：我来问，你们来答，我会问"请问你们是谁？"你们要回答"我们是谁谁谁。"

师幼进行问答游戏。

三、西游大闯关游戏，训练幼儿的听辨能力

第一关：幼儿扮演《西游记》人物角色，老师念角色名字，幼儿听到自己正确的名字后站起来。

层次一：教师念正确的角色名字，幼儿站起来。

层次二：教师念错误的角色名字，幼儿听辨后及时纠正并做出正确反应。

第二关：幼儿扮演《西游记》人物角色，教师念长句，幼儿在句子中听到自己正确的名字后站起来。

层次一：教师念长句子里正确的角色名字，幼儿站起来。

层次二：教师念长句子里错误的角色名字，幼儿听辨后做出正确反应。

层次三：教师加快语速念长句子，幼儿听辨后迅速做出正确反应。

第三关：教师念上一句，幼儿听辨角色名字后完整接念下一句并做相应动作。

层次一：教师念上一句，幼儿集体完整接念下一句。

层次二：教师根据闯关图片念上一句，幼儿分角色完整接念下一句并做相应动作。

层次三：教师增加听辨角色"老妖婆"，幼儿听到"老妖婆"时做隐身的动作。

层次四：幼幼互动，一名幼儿发出指令，其他幼儿听辨后完整接念下一句并做出正确的动作。

第四关：幼儿自由分成四组，每组一份闯关图片，轮流由手上拿着闯关图片的小朋友说出人物名字，其余小朋友完整接念下一句。

四、"芭蕉扇扇起来"，进一步提升幼儿的语言能力

师：现在换一下问答内容，老师说"芭蕉扇"，幼儿问"扇谁呀？"老师回答"要把×××扇到×××"，幼儿根据指令做出相应

反应。

层次一：集体朝一个方向扇。

层次二：分角色扇到指定位置。

游戏结束后，活动自然结束。

【活动延伸】

幼儿创编《西游记》故事，可以通过说一说、画一画的方式展示创编内容。

【活动评析】

本次活动的游戏背景来源于中国古典四大名著《西游记》。游戏指令节选改编自传统儿歌《孙悟空打妖怪》前半部分。儿歌中师徒四人角色形象鲜明，被小朋友们广为熟知并喜爱。儿歌语句朗朗上口，富有节奏和韵律感，且具有游戏性。所以，本次活动是基于幼儿的特点与兴趣设计的，孩子们在活动中积极、主动，通过各环节的层层递进，很好地掌握了游戏玩法，提高了语言表达能力与反应能力。

重庆市华福实验幼儿园教育集团华苑园　雍潇

夸夸家乡美食

* **年龄段**：中班

* **领域**：语言

【设计意图】

《指南》指出：4—5岁幼儿会说本民族或本地区的语言。中班幼儿的语言能力有了很大幅度的提升，会用普通话说一些日常用语。方言是我国璀璨的语言文化中独具特色的一部分，是我们非物质遗产与本土文化的传承。为了更好地传承本土文化，本次活动以宁波美食为切入点，在"游南塘老街"的游戏情境中，使幼儿感受宁波方言的有趣，萌发学习方言的兴趣，激发对家乡文化、家乡话的热爱之情。

【活动目标】

1.理解童谣内容，感知宁波方言AAB的词汇特点。

2.学说宁波童谣中的AAB词汇，感受宁波方言的有趣，并尝试创编句式。

3.感受丰富的宁波特色美食，萌发热爱家乡的情感。

【活动准备】

前期经验：对宁波特色美食、AAB的宁波话有所了解。

场景准备：入场位置摆设2个摊位，摊位内摆放油赞子、灰汁团、豆酥糖和宁波汤圆四种美食。

物质准备：特色美食、音乐、课件、操作材料、童谣图示。

【活动过程】

一、情境导入，激发兴趣

出示南塘老街场景，引导幼儿观察并品尝美食。

师：欢迎小朋友来到南塘老街，这里有许多宁波特色美食，请你看一看、尝一尝。

幼儿观察并品尝美食。

在幼儿品尝美食的过程中，教师注意与幼儿互动。

师：吃过美食，谁来说一说吃的是什么，味道如何？

鼓励幼儿积极发言。

师：刚刚小朋友们吃的美食，在一首童谣中都有出现，现在让我们读一读这首童谣，进一步了解这些美食吧。

儿歌《夸夸宁波美食》

游宁波，夸宁波，

宁波城，美食多，

油赞子，喷喷酥，

灰汁团，嘀嘀糯，

豆酥糖，蜜蜜甜，

宁波汤圆，雪雪白，

欢迎你到宁波来。

小结：通过幼儿熟悉的南塘老街这一情境导入，激发幼儿已有经验，再次感知美食的颜色、形状、味道。然后让幼儿说一说自己吃的美食是什么、说一说味道，激发幼儿表达的欲望。接着让幼儿读童谣，在学习童谣的过程中进一步了解宁波特色美食。

二、初步欣赏，感受AAB词汇特点

播放课件，出示童谣中出现的美食图片。

师：你们知道这些美食的方言叫法吗？

幼儿积极讲述。

播放油赞子的叫卖声。

师：宁波话里是怎么夸油赞子的？（油赞子，喷喷酥）

引导全体幼儿一起学说。

师：喷喷酥可以用什么图示表示呢？

幼儿积极发言，教师根据幼儿的意思用简笔画出喷喷酥图示。

师：我们一起来夸一夸。

带领幼儿根据图示一起学说。

小结：播放油赞子叫卖声，引导幼儿学说，掌握油赞子的宁波方言叫法。将油赞子口感通过音译图示的方式记录下来，更好地帮助幼儿直接感受宁波方言的特点，同时为后续的灰汁团做好铺垫。

播放叫卖灰汁团的声音。

师：用宁波话怎么夸灰汁团？（灰汁团，嘀嘀糯）

师幼一起学说。

师：可以用什么图示表示呢？

邀请小朋友来画一画。

师：我们看着图示一起夸一夸吧！

教师带领幼儿看着图示一起学说。

师：宁波话真有趣，你们有发现它有什么特别的地方吗？

引导幼儿发现它们有两个相同的音。

三、完整欣赏，学习AAB词汇

师幼完整欣赏童谣。

师：小朋友们说一说里面含有两个相同音的词吧。

喷喷酥、嘀嘀糯、蜜蜜甜、雪雪白。

师：这首童谣里有四个这样的词呢，前面我们学习了喷喷酥、嘀嘀糯，现在我们认真听一听蜜蜜甜、雪雪白的发音。

师幼一起学说，并引导幼儿用图示表示出蜜蜜甜、雪雪白。

师：现在让我们看着图示完整地朗诵童谣吧。

师幼看着图示完整念一遍。

师：小朋友们很棒！这次难度要升级了，我们要把一个词藏起来，再来读一读，看能记住吗？

幼儿进行挑战。

师：我们再来升级，现在去掉两个词。

幼儿再次挑战。

小结：运用支架撤离的方式将其中一个词或两个词藏起来让幼儿读童谣，能帮助幼儿记忆童谣，并进一步理解AAB词汇。

四、尝试创编，分享交流

引导幼儿回忆知道的美食。

师：除了这些宁波美食，小朋友还知道哪些宁波特色美食呢？

幼儿积极讲述。

师：这么多美食呀，请小朋友挑选一种美食，用刚才我们学习到的本领夸一夸美食吧。

幼儿积极创编。

教师邀请幼儿将自己创编的内容进行分享与交流，丰富AAB词汇。

【活动延伸】

引导幼儿回家与爸爸妈妈继续创编。

【活动评析】

　　为了让幼儿在乡音中感受祖辈智慧，学习宁波方言中的形容词AAB结构特点，本次活动以情境导入，通过模拟南塘老街的场景，为幼儿提供了一个接近真实生活的学习环境，增强了学习体验的真实感和沉浸感。为实现"理解童谣内容，感知宁波方言AAB的词汇特点"，我们采用图示支架，将抽象的童谣可视化，方便幼儿理解和记忆。本次活动的难点是让幼儿感知宁波方言具有AAB的语汇特征，并尝试创编句式，积累AAB宁波词汇的使用经验。活动中运用多种教学策略，各环节层层递进，幼儿在游戏中学念童谣、在丰富的教学内容和方法中主动学习宁波方言，感知并表征化宁波方言，使学习变得轻松愉快，提高了幼儿的学习兴趣和积极性。

浙江省宁波市二轻第一幼儿园　王佳奕

西瓜船

✻ 年龄段：大班

✻ 领域：语言

【设计意图】

《指南》指出：幼儿的语言能力是在交流和运用中发展起来的。应为幼儿创设自由、宽松的语言交往环境，鼓励和支持幼儿与成人、同伴交流，让他们想说、敢说、喜欢说，并能得到积极的回应。排图讲述是幼儿自己按照找到的图片中的线索，排列一组无固定顺序的图片，然后按图讲述的一种语言教育活动，它能有效地促进幼儿语言和思维的发展。所以，我选择了《西瓜船》这一活动材料，能够引导幼儿由关注单页图面的描述向分析推断多页图画内在的联系乃至主题内容、逻辑关系等过渡，培养幼儿对于图画内在信息的分析、推理能力，从而促使幼儿尝试进行连贯、完整和丰富生动的表达，发展幼儿的语言运用能力。

【活动目标】

1.能细致观察图片，根据自己的理解，大胆合理想象，创造性地排列图片。

2.能用连贯的语言有条理地讲述画面内容，形成有发展情节的故事。

【活动准备】

1.歌曲《种西瓜》。
2.PPT课件、排图板4个、故事操作图片4组。

【活动过程】

一、音频悬念设疑，引入主题

教师引领全体幼儿在歌曲《种西瓜》伴奏下，愉快地进入活动室。

播放PPT画外音——湍急的流水声、呼呼的风声夹杂着"救命啊！救命啊！"的呼救声。

师：小朋友们快听，你听到了什么声音？

幼儿积极回应。

师：这些声音告诉我们发生了什么事情？

幼儿积极讲述。

小结：突然传来的呼救声，引发了幼儿的好奇心，设疑为幼儿制造悬念，激发幼儿了解事情发生过程和结果的欲望。

二、观察图片，激发想象力

1.播放PPT，传来鸡妈妈的画外音。

画外音：孩子们，我是鸡妈妈，昨天我带着鸡宝宝去小河边捉虫子，正巧看到了这里发生的危险的事情，我赶紧用照相机拍了下来，你们看一看我拍下的这些照片，就全明白了！

师：噢！那我们快快打开这些照片看一看吧！

小结：用"鸡妈妈"这个"目击者"和"照片"作为环节过渡，既激发了幼儿追根问底的热情，又培养了幼儿主动探索的兴趣，在整个活动过程中起到了承上启下的作用。

2.出示单张图片，引导幼儿认真观察，获得对单张画面的感知。

师：两只小老鼠在什么地方？小青蛙在什么地方？它们有什么本领？它们的表情是什么样子的？你是怎么看出来的？你猜它们会说什么呢？它们还可能要干什么呢？

小结：通过启发谈话，引发幼儿借助已有的生活经验对图片进行猜想与讲述，掌握根据图片展开讲述的方法。

3.随意、无序出示其他图片，引导幼儿观察，通过提问帮助幼儿理解并猜测图片内容。

提问：

（1）你在图片中看到了什么？它的心情怎么样？它在什么情况下发生了危险？

（2）它们在什么地方？它们像是在干什么？你从哪里看出来的？

（3）这里发生了什么事情？它心里会怎么想呢？你猜它们会说什么呢？它们是怎么做的？

小结：无序出示图片，不带有排序的导向性，避免了无形中给予幼儿的图序暗示与干扰，而用开放性的问题引导幼儿通过观察每一幅图画中人物的神态、动态、心理、对话以及场景等细节，来捕捉图片排序的线索，为幼儿丰富生动地讲述奠定了良好的基础。

三、排图讲述，拓宽讲述经验

师：刚才小朋友把每张照片上看到的事情都讲了出来。可是，按照刚才照片出现的这种顺序排列在一起讲出来的故事，你们感觉怎么样呢？（很乱）

小结：无序图片的呈现，让幼儿从表象感受到故事的不完整性和杂乱性。

播放PPT画外音，传来鸡妈妈的声音：孩子们，对不起，昨天我去照相馆洗照片的时候，不小心把它们排乱了！请你们按照自己的想法，重新给它们排好队，再来讲一个又好听又完整的故事吧！

师：老师把这些照片洗出来了，这里有排图板，小朋友们来排序吧。在给这些照片排序的时候，要仔细观察照片上发生的事情，按照事情发生的先后顺序排哦。

幼儿分组协商，进行排图。

排序完，各小组推荐代表在集体面前讲述排图故事。

师：排序完会是一个什么样的故事呢，请各组派代表来讲出你们的故事吧。

各组派代表积极讲述，幼儿在讲述时，教师要引导幼儿关注情节、角色对话、角色心理等，获得完整、生动的讲述经验。

师：小朋友们很棒，同样的照片，由于排序不同，小朋友们讲出了不一样的故事。现在让我们再来排一次图，看看故事会有什么变化。

幼儿分组，第二次排图。

教师注意引导幼儿观察比较图片排列顺序的异同，发现图片位置的变化。

师：每个小组再派代表来讲一讲你们的故事吧。

各组积极讲述。

小结：让幼儿在操作与讲述的过程中，感受到不同的图片排列顺序可以构成不同故事情节所带来的快乐。

播放画外音，鸡妈妈发出请战邀请：孩子们，你们按照自己的想法，给错乱的照片排出了顺序，并按照排列的顺序讲出了很完整、很精彩的故事。现在，鸡妈妈有一个小提议，就是请你们的老师跟你们PK一下，运用你们刚才的方法也来排一个既好听又完整的故事吧！

教师在其中一组排图的基础上，更换图片顺序，一边操作图片一边进行讲述，使角色对话、角色心理描述、故事情节等更生动地展示在幼儿面前。

师：老师的故事怎么样？只要我们仔细观察，动动脑筋，把图片排成不同的顺序就能讲出不同的故事来。

四、迁移经验，丰富想象力

师：这组图片原定的顺序连起来有一个好听的名字——《西瓜船》，现在我们来听听原故事都讲了什么？

播放《西瓜船》故事音频。

师：听完这个故事，你们有什么感受？

幼儿积极讲述。

师：故事中三只小动物把"西瓜皮"做成了西瓜船，你们可以把"西瓜皮"做成什么呢？

幼儿大胆想象并讲述。

师：小朋友们想象力真丰富，想到了西瓜帽、西瓜房、西瓜车等，希望下一次活动能听到小朋友们讲西瓜帽、西瓜房、西瓜车的故事哦。

小结：迁移"西瓜船"的经验，充分发挥和调动幼儿的想象力，激发幼儿继续创编故事的兴趣和欲望，培养幼儿的再造想象能力。

【活动延伸】

鼓励幼儿继续大胆创编故事。

【活动评析】

《西瓜船》故事画面生动形象，情节跌宕起伏，十分符合大班下学期幼儿的认知水平和理解水平。活动中，通过多媒体课件、音频悬念设疑，吸引幼儿注意力，激发幼儿表达的热情，体现了教学趣味性。尤其随机出示的图片设计，打破了以往常规的教学模式，没有提前限定幼儿的思维，也没有给幼儿任何的顺序，为后面引导幼儿按照自己的想法创编故事做好了铺垫。

活动中幼儿自始至终兴趣盎然,师幼互动活跃,教学氛围轻松愉快,使幼儿的语言讲述能力得到了很好的锻炼。本次活动也很注重对幼儿优秀品质的培养,如学习故事中小青蛙乐于助人、小老鼠知恩图报,在活动中学会倾听他人等。本次活动对知识、能力、情感的培养目标均已达成。

山东省东营市广饶县丁庄街道中心幼儿园 王洪霞

动物朋友

* **年龄段**：大班

* **领域**：语言

【设计意图】

　　我班幼儿对动物已有一定的原有经验，他们通过各种途径了解了很多有关动物的知识，而《动物朋友》这首诗歌包含了动物的名称、运动方式和生活环境间的联系，内容浅显易懂、句式特点明显，很适合幼儿学习并进行仿编。鉴于此，我设计了本次活动，目的在于引导幼儿在学习和理解诗歌并充分感知诗歌句式结构的基础上，进行仿编诗歌活动。

【活动目标】

　　1.学习朗读诗歌，理解诗歌内容，发现诗歌的句式特点。
　　2.尝试运用"××说：我的朋友是××，××……在……"的诗歌句式仿编诗歌。
　　3.感受诗歌仿编的乐趣。

【活动准备】

　　经验准备：幼儿有丰富的有关动物生活环境和运动方式的经验。

物质准备：课件PPT、动物图片、纸、笔。

【活动过程】

一、谜语导入

师：老师今天带来了一个谜语，大家一起来猜一猜。

谜语：身披花棉袄，唱歌呱呱叫，田里捉害虫，丰收建功劳。

师：谁来猜一猜，谜语说的是什么动物？

幼儿进行猜测，教师注意引导幼儿猜出谜底青蛙。

师：那谁知道青蛙有什么样的本领呢？

幼儿积极表现与发言，充分调动幼儿的活动兴趣。

师：小朋友们说得很好，那你们都知道哪些动物呢？你知道的那些动物都有哪些本领？

幼儿自由发言，教师邀请个别幼儿重点发言。

二、学习诗歌

1.学习朗诵诗歌。

师：刚刚小朋友们说出了很多认识的小动物，并且讲出了这些小动物的本领，真的很棒！接下来就让我们来学习一首诗歌，看看里面提到了哪些动物朋友。

诗歌《动物朋友》

大象说："我的朋友是袋鼠，袋鼠跳跃在草原。"

袋鼠说："我的朋友是骆驼，骆驼漫步在沙漠。"

骆驼说："我的朋友是燕子，燕子飞翔在蓝天。"

……

师：诗歌里提到了哪些动物？这些动物有哪些特别之处？

幼儿积极讲述。

师：小朋友们听得真仔细，现在让我们来一起朗诵这首诗歌吧。

师幼一起朗诵诗歌。

2.欣赏分析诗歌，加深幼儿对诗歌的理解。

师：诗歌里提到了大象、袋鼠、骆驼和燕子，它们都是怎么说的？

幼儿积极讲述。

师：小朋友说得很好，那谁能完整地讲出大象、袋鼠和骆驼说的话？

邀请个别幼儿进行讲述。

3.出示动物图片，引导幼儿根据图片讲述诗歌内容。

4.分析诗歌的句式特点。

师：第一句开头的小动物是谁？它的朋友是谁？好朋友在哪里，在做什么？

幼儿讲述。

师：第二句和第三句开头的小动物是谁？它们的朋友又是谁？它们的好朋友又在哪里，在做什么？

幼儿讲述。

师：小朋友们，你们发现了什么规律吗？

重点引导幼儿发现诗歌的规律，了解诗歌的句式特点。

师：你们观察得真仔细，第一句大象说的朋友是袋鼠，第二句就由袋鼠说，袋鼠说它的朋友是骆驼，第三句就到了骆驼说，骆驼说它的朋友是燕子。那么接下来该是谁说了呢？

注意引导幼儿进一步明晰句子结构，能够准确说出下一个讲话的是燕子。

师：小朋友可真棒，现在我们了解了诗歌里动物的顺序，我们再来看一看，诗歌每一句还有什么相同的地方，谁来说一说？

小结：先说的是朋友，然后说朋友会做什么，在哪里。

三、仿编诗歌

1.幼儿初步仿编。

师：刚才最后说了燕子飞翔在蓝天，那么，如果继续用诗歌中的句式仿编，谁想来试一试？

幼儿积极尝试仿编，教师注意纠正与引导。

师：小朋友们再来尝试一下吧，老师来记录大家仿编的结果。

幼儿积极仿编。

2.小组合作仿编诗歌。

以小组合作的方式进行仿编，每个幼儿都参与其中，都有表达自己想法的机会。

师：相信每个小朋友都有自己的想法，接下来，请小朋友们分组，尝试按照诗歌句式来创编一首新的诗歌，并用图画或符号来记录你们组的仿编内容。

幼儿分组讨论，仿编诗歌，教师分组指导。

3.分享小组仿编的诗歌，幼儿相互学习与交流。

4.结束部分：今天我们学习了新的诗歌《动物朋友》，还进行了诗歌仿编，小朋友们都很棒。

【活动延伸】

鼓励幼儿把自己仿编的诗歌在活动区游戏时画一画、演一演，也可以继续进行仿编活动。

【活动评析】

本次活动注重启发和调动幼儿的学习兴趣，设计的每一个环节都紧紧围绕目标，每一个提问都具有开放性和挑战性，能够引发幼儿的思考。本次活动的重点是仿编诗歌，在帮助幼儿理解诗歌句式特点的基础上，鼓励幼儿仿编出自己喜欢的内容，

> 当幼儿对诗歌句式有了进一步理解后,再鼓励大家分组合作仿编,在小组讨论环节中,可以看到幼儿兴趣浓厚、积极思考,乐于与同伴、教师交流,并能够大胆表达自己的观点,不仅使教学目标圆满达成,也有效促进了幼儿的合作能力、语言表达能力的发展。

北京市海淀区民族幼儿园　崔华北

完美的宠物

❋ 年龄段： 大班

❋ 领域： 语言

【设计意图】

《指南》指出：鼓励幼儿根据画面线索与细节大胆想象故事情节，表达自己对图书内容的感受和理解。大班幼儿已有了一定的阅读经验与基础，那么在阅读活动中如何激发幼儿的阅读兴趣以及提高幼儿的阅读能力？《完美的宠物》讲述了亨利寻找宠物的故事，故事生动有趣又蕴含了一定的教育意义，于是我依据这个绘本设计了本次活动，通过让幼儿仔细观察画面，大胆地表达自己想法，理解故事主人公亨利寻找完美宠物的过程。也注重让幼儿运用自主阅读、集体阅读、交流讨论、建立画面的前后联系等多种阅读方式，提高幼儿的阅读能力。

【活动目标】

1. 仔细观察画面，理解故事中亨利寻找完美宠物的过程。
2. 乐意清晰连贯地表达自己的想法，提高阅读理解能力，感受亨利与小鸭子之间的心理变化。

【活动准备】

绘本故事课件、动物粘贴教具、绘本书。

【活动过程】

一、封面导入，激发兴趣

师：小朋友们来看看这本书，你发现了什么？

幼儿积极讲述。

师：这本书的名字叫《完美的宠物》，你养过宠物吗？或者你跟宠物有过什么样的故事？

幼儿积极讲述自己的宠物经验。

二、亨利想要的宠物

师：故事的主人公叫亨利，他想要一个完美的宠物，你认为什么样的宠物是完美的宠物呢？

幼儿积极大胆地发言。

播放课件，引导幼儿注意观察。

师：亨利认为完美的宠物是什么样的？

引导幼儿根据自己的观察进行讲述，教师注意与幼儿互动。

小结：亨利想要一个完美的宠物，不仅外表可爱，而且还要是一只聪明、忠诚、灵活、英勇无敌的小狗。

师：为了得到一只完美的宠物，亨利决定在报纸上登一条信息。如果是你，你会在刊登的这条信息中写些什么呢？

幼儿自由表现与讲述。

三、意外的宠物

师：叮咚——，亨利打开门，一只宠物来到了亨利身边。

引导幼儿仔细观察画面并提问。

提问1：亨利的宠物是什么样的？

提问2：这个宠物会是亨利心中完美的宠物吗？

提问3：他们在相处的过程中会发生什么事呢？

幼儿积极表现与讲述。

师：这只宠物是一只鸭子，并不是一只小狗，面对这样的宠物，亨利心里会怎么想呢？

幼儿大胆猜测亨利的心理。

师：亨利会不会要鸭子做他完美的宠物呢？为什么？

幼儿大胆表达观点。

师：小朋友们说得真好，不仅表达了自己的观点，还能清晰地说出自己的理由，你们真棒。

四、孤单的小鸭子

师：亨利想要的是一只小狗，为什么小鸭子会来到亨利的身边呢？

幼儿猜测并讲述。

师：小朋友们讲得真不错，那故事中是怎么讲述的呢？让我们一起去看一看吧！

幼儿分组自主阅读。

师：为什么小鸭子会扮演小狗做亨利的宠物呢？哪组先来分享一下？

幼儿以小组为单位，派代表积极发言。

小结：因为小鸭子觉得很孤单，它渴望得到友情。

师：小鸭子流着眼泪把自己的故事告诉了亨利，亨利会怎么样？它会接受这只孤独的鸭子做他的宠物吗？

幼儿猜想并积极讲述。

师：亨利接受了小鸭子，真好。

小结：通过阅读故事，幼儿感受到了小鸭子努力成为亨利宠物的迫切愿望，理解并感受小鸭子的孤单，以及渴望得到朋友的心理。

【活动延伸】

把绘本投放到阅读区，引导幼儿创编鸭子和亨利之间的故事。

【活动评析】

　　本次活动的素材选自绘本，特殊之处是教师并没有完全按照绘本的内容展开教学，而是依据需求对原内容进行合理的增减，削枝强干，突出高效性和适宜性。为了充分发挥语言教育活动的特质，活动在开展的过程中尽可能多地给予幼儿多元的阅读机会，通过阅读、猜想、表达与分享，有效提高了幼儿的阅读理解能力、语言讲述能力。本次活动也注重情感的冲突与升华，给予幼儿深入思考情感冲突的机会；提供更多的情境、时间的支持，使幼儿充分感受小鸭子装扮成"完美宠物"及努力尝试想成为亨利的宠物的迫切愿望，让幼儿理解并感受亨利与小鸭子之间的心理变化，在情感上得到成长，较好地达成了教学目标。

上海市嘉定区迎园幼儿园　朱秀文

创新故事会

❋ **年龄段**：大班

❋ **领域**：语言

【设计意图】

大班幼儿的语言表达积极性和表达能力均有了一定的发展，并在生活活动和自主游戏中显现出强烈的用语言进行交流的意愿，同时亦彰显出迫切的语言学习愿望。在常规的教学中，教师说的较多，幼儿听和模仿的较多，创编、创新的部分也有但不够充分，不能满足大班幼儿快速发展的需要。本次活动采用开放自选素材、自主想象设计故事内容和情节的方式，支持大班幼儿利用自己的语言经验进行思考和表达，提升幼儿想象、创造和交流能力，充分发挥语言在思维、交流、运用中的价值。

【活动目标】

1. 自主选择喜欢的图片素材进行故事的想象创编。
2. 通过观察图片、小组交流、尝试组合等方式将选择的图片串联成有具体内容和情节的故事。
3. 在大胆想象、自由创编和互动分享中，感受积极思考和使用语言的快乐，获得成就感。

【活动准备】

1.经验准备：幼儿喜欢讲故事，有一定的语言表达能力。
2.幼儿熟悉的事物、人物、景物、色彩等小图片。
3.旧图书、旧画报、儿童剪刀、画笔、纸、背景纸、胶棒、双面胶。

【活动过程】

一、交流回顾，激发幼儿讲述的欲望

师：小朋友们，我们上次组织过参观图书馆的活动，你们还记得图书馆里有什么吗？谁愿意来讲一讲？鼓励幼儿回忆和讲述对图书馆的记忆，激发幼儿讲述的欲望。

师：图书馆里有很多书，那里有你们喜欢的书吗？你希望图书馆里增加什么样的书？

鼓励幼儿积极讲述。

二、自选素材，创编故事

师：小朋友们，听到你们的想法，老师很高兴，这代表小朋友们是积极思考的人。现在呢，老师这里有很多的材料，请小朋友们看一看，看到这些图片你会联想到什么？

引导幼儿观察材料并思考。

师：谁愿意来说一说？

鼓励幼儿根据看到的素材大胆讲述。

师：小朋友们说得真不错，那么这些素材连在一起是不是可以创编出好听的故事呢？小朋友们来试一下吧。

幼儿分组创编故事。

师：现在请各小组来讲一讲你们的故事吧？

各小组有序进行故事讲述。

三、动手操作，制作故事书

师：大家讲述了故事，现在让我们来做故事书吧。

幼儿将图片直接或剪下贴在背景纸上，变成书的页面，一页一页连起来就是故事书。

师：你们记住制作故事书的方法了吗？在制作故事书的过程中，也可以进一步创编故事哦，素材不够的话，可以通过绘画的方式丰富故事书的内容。如果需要粘贴，桌子上有胶棒。

幼儿以小组为单位，商讨故事内容，并进行贴、剪贴、绘画等操作，使一页页背景纸丰富起来，汇集成"书"。

在幼儿操作的过程中，教师巡回观察，对需要帮助的幼儿给予启发、协助或指导。

四、交流展示，积极分享

师：各小组通过协作完成了各组的故事书，现在请把你们创作的故事书展示给大家，并讲一讲你们的故事吧。

各组幼儿展示故事书，并积极讲述故事。

交流分享时，教师鼓励幼儿认真倾听。

师：各组小朋友都很棒，今天我们尝试了创作自己的故事书，你们感觉怎么样？有什么感悟吗？

邀请个别幼儿分享心得。

【活动延伸】

把幼儿创编的故事书投放在图书区，方便幼儿阅读与创编。

【活动评析】

大班幼儿能够积极使用已有的经验进行词汇、语句的重组与创造，本次活动的设计符合大班幼儿的发展需要。从活动准备上看，既有剪好的图片，也有半成品海报素材，幼儿可以通过画笔自由创作想要的形象，活动给予了幼儿充分的、有层次的发挥空间。在创编故事方面，教师鼓励幼儿大胆、自主、充分地思考，发挥想象创编故事，使不同经验水平的幼儿能积极主动参与活动，既提高了幼儿的想象力、表达能力，又在制作故事书的过程中提高了表征能力，取得了较好的教学效果和教育效益。

江苏省南京市五所村幼儿园　王玲燕

科 学

"1"和"许多"

* **年龄段**：小班

* **领域**：科学

【设计意图】

《指南》指出：幼儿的学习是以直接经验为基础，在游戏和日常生活中进行的。小班幼儿注意力不易集中，容易分散，但好奇心强烈，喜欢尝试、探索和发现新事物。同时，小班幼儿也乐于与同伴一起玩耍和学习。鉴于小班幼儿的这些年龄特点，我设计了"去郊游"的游戏情境来开展数学活动，以此激发幼儿的学习兴趣，从而更好地达成教学目标。

【活动目标】

1. 正确感知"1"和"许多"，了解"1"和"许多"的关系。
2. 在操作活动中，能够正确区分"1"和"许多"。
3. 体验与同伴一起游戏、学习的快乐，喜欢参加数学活动。

【活动准备】

1. 精心布置"郊游"场景，充分体现"1"和"许多"元素。
2. 幼儿操作卡、音乐。

【活动过程】

一、创设谈话，激发幼儿"去郊游"的兴趣

师：上星期我们和爸爸妈妈一起去秋游，大家都好开心哦！今天老师和小朋友再去秋游一次好吗？

播放音乐，音乐起，教师带领幼儿在场地内模仿开汽车的样子，带幼儿"去郊游"。

师：坐汽车必须系什么？（安全带）小朋友们坐稳了，我们要出发喽。

教师带领幼儿模拟开汽车。

幼儿自主探索开汽车，教师提醒幼儿注意安全，自觉遵守规则，避免碰撞。

二、初步感知"1"和"许多"

1.教师带领幼儿开汽车来到公园里。

师：小朋友们在公园里看到了什么？

幼儿自由讲述。

师：小朋友们说看到了房子和蜜蜂，分别有多少呢？

幼儿自由讲述。

教师邀请个别幼儿讲述。

引导语：哦！这里有1间房子，这里有许多蜜蜂。

教师注意强调"1"和"许多"，引导幼儿跟着说一遍。

2.课件变换场景，引导幼儿注意观察。

师：小朋友们仔细观察，看看发现了什么？

幼儿积极观察与讲述。

小结：这里依次有"1颗棒棒糖""许多蚂蚁""一片草地""许多花"……进一步引导幼儿感知并学习"1"和"许多"。

三、理解"1"和"许多"的关系

教师播放课件新场景。

师：我们现在来到了苹果树下，看着满树红彤彤的苹果，小朋友们数一数，这棵苹果树上面有多少个苹果呀？

幼儿仔细观察并讲述。

教师认真倾听，注意引导幼儿联系、运用上一个环节的知识。

师：有小朋友说有很多苹果，数不清，我们可以用什么来表示呢？

幼儿思考。

小结：苹果树上有一个一个的苹果，有很多，可以用"许多"来表示。

师：苹果树上有很多苹果，"许多苹果"是怎么组成的呢？

幼儿讲述。

小结：许多苹果是由一个一个的苹果组成的。

师：许多的苹果是由一个一个的"1"组成的，这就是"1"和"许多"的关系。

四、操作体验，感悟数量的变化

师：老师这里有一个苹果树教具，这棵苹果树上的苹果可以摘下来，下面请小朋友们仔细看老师是怎么操作的。首先，摘下一个苹果，我手里有一个苹果。我再摘一个苹果，代表又一个苹果。如此重复几次后，我手里就有了许多苹果。小朋友们看，一开始我一个一个摘苹果，把一个一个的苹果放一起，我就有了很多苹果，这就是一个一个的"1"合起来变成了"许多"哦。现在小朋友们分成三组，也来操作一下吧。

幼儿分组操作体验。

师：请来分享一下你们组是怎么操作的吧？

各组派代表分享。

五、操作游戏"送卡片回家"

教师拿出两组卡片,一组画有单个物品如一个苹果、一个梨子、一根黄瓜、一瓶水、一根筷子等,另一组画有许多物品如许多苹果、许多梨子、许多黄瓜、许多瓶水、许多筷子等。在教室两边设置"1的家"和"许多的家"两个区域,让幼儿玩"送卡片回家"游戏。

师:小朋友们,我们来玩送卡片回家游戏喽,画一个物品的卡片送去"1的家",画许多物品的卡片送去"许多的家"。

幼儿进行游戏,教师巡视指导,引导幼儿正确区分"1"和"许多"。

【活动延伸】

在数学区投入更多操作卡,升级游戏玩法,帮助幼儿巩固对"1"和"许多"的认识。

【活动评析】

本次活动从一开始就创设了"去郊游"游戏情境,较为容易地激发了幼儿参与活动的兴趣,幼儿在游戏情境中观察、学习、体验,循序渐进地感知、学习、理解"1"和"许多",最后通过操作游戏"送卡片回家"巩固幼儿的经验,让幼儿通过直接感知、实际操作较好地实现了本次活动的目标。

广东省广州市天河区侨英幼儿园 谭宝华

认识正方形

* **年龄段**：小班

* **领域**：科学

【设计意图】

正方形在幼儿的日常生活中随处可见，如积木、手绢、盒子等，为了让幼儿认识正方形，也为后续学习其他图形打基础，我设计了本次活动。活动结合本年龄段幼儿的实际情况，以情境贯穿始终，活动形式以游戏为主，符合小班幼儿的学习特点，也充分体现了幼儿"在玩中学，在学中玩"的教育理念，巧妙地让幼儿将数学知识与实际生活联系起来，感受数学的实用性和趣味性。

【活动目标】

1.激发幼儿参与图形活动的兴趣，培养幼儿乐于助人的品质。

2.在与图形宝宝的游戏活动中发展幼儿辨别图形的观察能力及动手操作的实践能力。

3.引导幼儿知道正方形的基本特征，能将正方形从其他图形中区分出来。

【活动准备】

教具：大正方形、火车头、正方形实物饼干、PPT、守恒图形表。

学具：幼儿每人3套不同大小、不同颜色的平面图形，水彩笔、记录纸每人一份。

情境：创设小兔子给外婆送饼干的情境，认识正方形的特征，初步了解图形正方形的守恒，并能从生活中找到正方形物品。

【活动过程】

一、情境导入，激发幼儿兴趣

出示正方形实物饼干。

师：兔外婆生病了，小兔子非常着急，她想去给外婆送点好吃的饼干，让外婆早日康复！小兔子不敢一个人出远门，小朋友们想不想和小兔子一起去看兔外婆？

小结：小班幼儿年龄小，通过情境导入很好地激发了幼儿的活动热情。

二、初步认识正方形

师：这是小兔子给外婆准备的饼干，小朋友看一看这块饼干的形状。

引导幼儿认真观察。

师：观察后小朋友们有没有什么想说的？

幼儿积极发言。

师：这块饼干是正方形的，长长的是正方形的边。我们一起来数一数正方形一共有几条边。

教师引导幼儿一起数，知道正方形有四条边。

师：这是正方形的角，我们再来一起数一数正方形一共有几个角。

教师用手指画出直角的轮廓，带领幼儿一起数，知道正方形一共有四个角。

三、发现正方形的秘密

师：兔外婆家很远，想要去兔外婆家就要坐火车去！这个火车很特别，列车长说想要坐火车不用买火车票，但是要找一找小火车身上有没有正方形。小朋友们，你们发现火车身上有正方形吗？

幼儿仔细观察，并积极讲述。

小结：火车的车窗是正方形。

师：火车的车窗坏了，下雨的时候可能会淋着小动物们，我们一起帮列车长修好车窗好吗？

幼儿从教师准备的图形卡纸中选出正方形，然后将正方形嵌入车窗的位置。

师：正方形四条边和四个角还有一个秘密呢！我们一起来看一看。

教师改变嵌入车窗的正方形方向，幼儿集中注意力认真观察。

师：为什么我们改变了方向，正方形依然能够嵌入车窗里呢？

幼儿思考并发言。

小结：正方形的四条边一样长、四个角一样大。

师：修好了车窗，我们出发喽！

师幼玩开火车游戏。

师：外婆家到了，小兔子把正方形饼干跟其他形状的饼干混在一起了，这么多的饼干里，小朋友们看一看，认一认哪些是正方形的饼干。

幼儿根据教师准备的学具，把所有的正方形饼干从碗中取出来摆放在桌面上。

师：兔外婆吃了小兔子的饼干，很开心，兔外婆和小兔子很感谢小朋友的帮忙。

四、寻找生活中的正方形

1.引导幼儿在活动室内找一找正方形。

师：小朋友，请在我们活动室里找一找哪个物品是正方形。

幼儿认真寻找，并找教师验证。

2.PPT展示生活中是正方形的物品，拓宽幼儿的认知经验。

师：原来生活中是正方形的物品有这么多，你们家中有哪些物品是正方形的呢？

幼儿积极讲述。

师：生活中的正方形真多啊！今天我们学习了正方形，小朋友在生活中要多关注、多发现，然后跟小朋友积极分享哦。

活动自然结束。

【活动延伸】

1.请小朋友回家和爸爸妈妈一起寻找生活中的正方形。

2.区域活动中引导幼儿利用棉棒、吸管、坚果皮等材料拼正方形。

【活动评析】

本次活动根据小班幼儿以直觉行动思维为主的年龄特点创设情境，幼儿在情境中探索正方形的特征，并通过观察、比较、动手、语言表达等巩固对正方形的认知。幼儿园教育应关注幼儿的生活经验，本活动充分调动了幼儿的生活经验，搜集了很多生活中常见的正方形物体，如电视、椅子等，让幼儿将其和自己日常生活中熟悉的物体进行对照，做到"教学做合一"。幼儿在活动中表现出了浓厚的兴趣，并能说出自己的想法，参与度高，取得了良好的教学效果。

山东省滨州市滨城区第八实验幼儿园 商正

颜色对对碰

* **年龄段：** 小班

* **领域：** 科学

【设计意图】

幼儿眼里的世界是丰富多彩的，小班幼儿正处于色彩的敏感期，他们对身边的各种颜色充满了兴趣。幼儿喜欢鲜艳、美丽的颜色，色彩的变化更让他们惊叹不已。本次活动的设计正好满足了幼儿对色彩探究的欲望，活动通过多种途径，鼓励幼儿看一看、玩一玩、画一画、找一找，幼儿通过自主性的探索，去观察、体验、发现。在轻松、愉悦的氛围中，让幼儿既享受玩色彩的乐趣，又感受颜色混合变化的奇妙，同时欣赏生活中五彩缤纷的美，增强幼儿热爱生活的情感。

【活动目标】

1. 知道颜色混合后会变成新的颜色，并能说出颜色的名称。
2. 能运用三原色做变色实验，并用喜欢的颜色进行装饰。
3. 在玩色、用色中体验颜色变化带来的神奇和乐趣。
4. 有序操作材料，感知两种颜色混合会产生新的颜色，能说出颜色混合的过程和结果。

【活动准备】

1. 认识并能正确说出常见的几种颜色（如红、黄、蓝、橙、绿、紫色等）。

2. 幼儿每桌一套红、黄、蓝颜料瓶；刷子、透明调色杯（上贴色条）、白风筝、抹布。

3. 教师准备好课件PPT、彩色风筝。

【活动过程】

一、出示彩色风筝，引发幼儿玩颜色的兴趣

1. 出示风筝并提问。

师：小朋友们，这是什么？你们在哪儿见过？

幼儿积极发言。

师：你们玩过风筝吗？有什么有趣的经历吗？

幼儿积极讲述自己与风筝的趣事。

师：老师的这个风筝有点特别，小朋友们仔细看看风筝上有哪些颜色？

幼儿自由讲述。

小结：风筝上有红、黄、蓝、橙、绿色……，是一个五彩的风筝。

2. 出示白色风筝，引发幼儿调配颜色来装饰风筝的兴趣。

师：这是什么颜色的风筝？跟刚才彩色的风筝对比你喜欢哪一个？为什么？

幼儿积极发言，教师邀请个别幼儿重点发言。

师：小朋友们都喜欢彩色的风筝，那有什么办法把白色的风筝变成彩色的风筝呢？

幼儿积极想办法并大胆说出自己的想法。

师：刚才有小朋友说可以通过涂色来把白色的风筝变成彩色的，今天老师就准备了一些颜料，让我们一起把白色的风筝变成五彩的风筝吧。

小结：通过步步引导，激发幼儿的活动热情。

二、幼儿玩颜色，感知颜色混合变化的过程和结果

1.教师示范颜色混合操作的过程，引导幼儿细致观察。

（1）出示玩颜色材料，引导幼儿说出红、黄、蓝颜色的名称。

（2）教师边讲解边示范取色、配色的方法，幼儿观察操作过程。

2.幼儿自主玩颜色，感知混色、变色的过程。

（1）教师提出实验要求：根据杯子上的颜色标志取颜色瓶，每种颜色滴5滴，再用刷子搅一搅看看颜色的变化，注意及时用抹布保持手和桌面的干净。

（2）幼儿进行操作实验，教师观察幼儿操作的过程，提示幼儿依次按照调色杯的标志配色、混色。

3.幼儿分享操作实验的发现。

师：小朋友们，你们通过操作实验发现了什么？这些新颜色是怎么变出来的？

幼儿交流分享。

教师引导幼儿依次举起调色杯，并根据杯子上的颜色标志描述混色变色的过程和结果。

4.教师出示颜色配对课件，演示混色过程，归纳提升幼儿玩颜色的经验。

三、装饰风筝，进一步体验玩颜色的乐趣

1.幼儿组内商讨调配出自己喜欢的颜色来装饰小风筝，期间注意卫生。

师：上个环节我们知道红、黄、蓝颜色根据不同的比例混合在一

起会出现不同的颜色,接下来就让我们用这个办法调配出多彩的颜色来装饰风筝吧。

幼儿分组进行操作。

2.幼儿相互欣赏同伴装饰的五彩风筝,各组派代表说一说经验。

3.活动结束:小朋友们真棒,用不同颜色装饰了不一样的风筝。大家的风筝都很漂亮,这些风筝要保管好,户外游戏时就可以放风筝了哦。

【活动延伸】

在美工区继续引导幼儿玩颜色,发现混色的秘密,并用色彩表现生活中的事物。

【活动评析】

皮亚杰曾说:"幼儿是在操作中认知的,提供给幼儿暗含教育价值的操作材料,能够让幼儿在操作中运用各种感观,动手动脑,探究问题,在与材料的相互作用过程中获取知识。"小班幼儿对颜色充满好奇,身边五彩斑斓的世界总能吸引他们的注意。本次活动注重观察与实操相结合,形成操作体验式探索活动,寓教于乐,让幼儿在活动中保持持久的热情。教师作为幼儿学习活动的支持者、合作者、引导者,在活动中与幼儿共同游戏,帮助、引导、鼓励幼儿对颜色进行大胆调配,积极表达自己的发现,培养了孩子们勇于试错、不怕困难的探究精神。在探索中,无论是幼儿的观察能力还是动手操作能力都在不同程度上得到了锻炼和发展。本次活动不但加强了幼儿对多种颜色的认知,而且萌发了他们的科学探索精神,为幼儿种下了科学求知的种子。

山东省宁阳县实验幼儿园 董辉

沉浮乒乓球

* 年龄段：中班

* 领域：科学

【设计意图】

幼儿在科学区探索时无意间把乒乓球、水槽两种材料玩在了一起，一个小朋友说："乒乓球会浮在水面上。"另一个小朋友说："用手把乒乓球按在水下，乒乓球可以沉在水里。"两人的对话引发了其他幼儿的关注。孩子们开始讨论："有什么办法能让乒乓球沉在水底呢？"鉴于此，我设计了本次科学活动。

【活动目标】

1. 借助水、乒乓球、塑料瓶等实验材料进行探究，在乒乓球的沉浮现象中感知浮力产生的条件。

2. 大胆猜想并在实际操作中探索帮助乒乓球沉浮的方法，用完整清晰的语言讲述实验发现。

3. 感受乒乓球沉浮的快乐，乐意探索生活中更多的沉浮现象。

【活动准备】

经验准备：幼儿熟悉常用的科学实验材料，了解乒乓球的基本特性，知道浮力与水有关系，知晓生活中一些常见的沉浮现象。

物质准备：乒乓球、大号矿泉水瓶、装水的水槽、小方巾、PPT课件。

【活动过程】

一、情境导入，引发幼儿兴趣

师：小朋友们好，今天有位小客人要和我们一起做游戏，你们看，它是谁呀？（乒乓球）

师：我们和它打个招呼吧！

幼儿与乒乓球问好，形成互动。

乒乓球：小朋友们好，今天我要和你们一起做游戏，好开心呀。我看到桌子上有大大的水槽，里面装满了水，像个游泳池一样，我好想进去玩水呀，小朋友们和我一起玩，好吗？

小结：赋予乒乓球角色，有助于激发幼儿的兴趣。

二、幼儿和乒乓球自由玩水

1.幼儿自由探索玩法，教师提醒玩水的注意事项。

师：小朋友们一会儿和乒乓球玩水时要注意什么呢？

注意事项：衣服不要弄湿，可以把袖子挽起来；尽量不要把水洒到桌面、地面上，如果不小心洒在桌面上，可以用（小毛巾）擦干。

师：小朋友们现在开始玩水吧，如果你听到"乒乒乓乓，暂停一下"的指令就要停止手中的动作。

幼儿自由探索，教师巡回观察。

2.交流分享。

师：小朋友们注意，乒乓球要讲话啦。

乒乓球：乒乒乓乓，暂停一下。

师：乒乓球让大家停下来，谁来分享一下你的玩法和发现呢？

幼儿积极交流与分享。

观点1：乒乓球是漂在水里的。

观点2：把乒乓球按水里，松手会弹起来。

观点3：从高处扔下来，就像玩跳水游戏一样。

师：你们的玩法真多呀，乒乓球和你们一起玩得很开心。

乒乓球：哇，在水里玩太有趣了，我可以从高高的地方自由跳水；我可以漂在水面上晒太阳；我还可以在水的底部待一会儿，能看到水底世界，可真酷呀。我知道，是小朋友们用小手按住我，使我待在水底的，一松手，我又浮起来了。可是，这样按着我，我很不舒服。小朋友们，你们能想想办法使我自己沉在水底不再浮起来吗？

师：听到乒乓球说的话，你们有什么办法吗？

幼儿大胆猜想并表达。

三、操作实验

1.自由操作。

教师把大号矿泉水瓶一分为二，带瓶盖的一半为1号瓶，不带瓶盖的一半为2号瓶。

师：这两个写着不同数字的塑料瓶能否帮助乒乓球沉在水里呢？请你们用自己想到的办法动手试一试吧。

幼儿自由操作，探索让乒乓球沉在水底的方法，教师巡回指导。

师：有没有小朋友成功的？你是怎么做的？

幼儿积极分享。

2.第二次操作。

师：经过积极分享，现在请小朋友们再次探索如何把乒乓球沉在水里吧。

幼儿第二次操作。

小结：乒乓球能在1号瓶中沉入水底，因为把瓶盖拧掉后加入水，水会把乒乓球压在水底。

3.第三次操作。

师：原来用这样的办法就可以使乒乓球沉在水底，那乒乓球怎么自己浮起来呢？

幼儿第三次操作。

师：谁愿意分享自己的方法？

幼儿积极表现。

4.第四次操作。

师：让我们再来尝试一下吧。

幼儿积极探索。

小结：拧上瓶盖，乒乓球就浮起来了，因为水流不出去了，就会流到乒乓球下面，乒乓球下面的水越来越多，受到来自下面的水的浮力，慢慢就浮起来了。

师：这就是科学的奥秘，真神奇呢！

四、链接生活

乒乓球：小朋友们，感谢你们帮助我实现先沉在水底再浮起来的愿望，生活中有很多地方就用到了这个原理哦。你们知道都有哪些地方用到了这个原理吗？

幼儿思考并发言。

小结：一艘大船遇到危险沉在海底，人们为了打捞沉船，他们会先把船底的泥沙慢慢挖出，让水流到船的下面，当船下面流入的水越来越多时，船就会慢慢浮起来。而河上的大桥之所以不会被河流冲走，是因为桥墩的底部没有水，没有浮力，桥墩就很会牢固地矗立在河中。

【活动延伸】

生活中还有更多的沉浮现象等着我们一起去揭秘。小朋友们要注意观察生活，把观察到的沉浮现象带到幼儿园跟小伙伴们分享。

【活动评析】

《指南》科学领域提出：幼儿科学学习的核心是激发探究兴趣，体验探究过程，发展初步的探究能力。成人要善于发现和保护幼儿的好奇心，充分利用自然和实际生活，引导幼儿通过观察、比较、操作、实验等方法，学习发现问题、分析问题和解决问题；帮助幼儿不断积累经验，并运用于新的学习活动，形成受益终身的学习态度和能力。通过本次科学活动，幼儿借助水、塑料瓶等实验材料，探索让乒乓球先沉在水中再浮起来的不同方法，并能够用语言、记录的方式完整描述实验步骤，充分体验沉浮现象的神奇和有趣，感受探索与成功的快乐。

河南省郑州市金水区第九幼儿园　曲倩

有趣的架桥

* 年龄段：中班

* 领域：科学

【设计意图】

《指南》中指出：幼儿以具体形象思维为主，应注重引导幼儿通过直接感知、亲身体验和实际操作进行科学活动。基于此，结合中班已进入主题《走进老底子》环节，我们发现幼儿对各种各样的桥有浓厚的兴趣，于是抓住主题实施契机点，敏感捕捉到幼儿生活中对架构的兴趣，从激发幼儿的探究欲望、学会自主探究与合作出发，设计了本次教学活动。

本次活动以问题驱动、层层推进为主要线索展开，由浅入深地带领幼儿运用生活中常见的积木、筷子等材料，寻找多种架构方法，提高幼儿解决问题的能力，让幼儿在说说、玩玩、试试的过程中体验科学玩创带来的快乐，感受科学活动的有趣和有用，激发幼儿的学习热情和探究欲望。

【活动目标】

1.通过小组游戏，寻找架构载物的方法，感受架构的支撑平衡。

2.探索筷子架桥时交叉、穿插、别压的方法，发现互锁的有趣现象。

3. 乐意说出自己的操作结果和感想，体验科学玩创带来的快乐。

【活动准备】

积木若干、筷子若干、记录纸、记号笔、展示架、课件PPT。

【活动过程】

一、抛出问题，激发兴趣

师：小朋友们看一看，今天老师带来了什么？（引发幼儿的好奇）
引导幼儿了解现场的材料，激发活动兴趣。
师：小朋友们，看到这些材料有什么想法吗？
幼儿积极发言，活跃氛围。

二、初探架桥

1. 通过提问发散幼儿思维。
师：现在请小朋友们用这些材料来玩游戏——有趣的架桥。
提问：这里有三个桥墩，分别在白色圆点位置，用这里的三根筷子架桥，让这块彩色积木站到中间，你们有什么好办法？
幼儿发散思维，积极讲述。

2. 开放体验，自主架构。
幼儿两两合作并记录结果。
师：请每组两个小朋友一起合作架桥，看看积木能不能站到中间，挑战成功后把结果记录下来，展示到前面黑板上。

3. 交流分享。
师：你们用了什么办法？
幼儿积极分享。
小结：大部分幼儿将三根筷子并列同时放在一起，使积木能站上去，没有更多的经验展示。

4.引领探索。

在教师的引领下，幼儿探索更多的方法。

师：我来找一组，这是谁记录的啊？你们用了什么办法？

小结：筷子交叉摆放，有交叉点，积木也能稳稳地站立。因此，让积木稳稳地站到中间，可以尝试不一样的架构办法。

三、情境挑战

1.情境驱动，引发新思考。

情境：现在遇到了一个难题，想请大家来一起想办法。因为工人叔叔施工的偏差，导致三个桥墩离得太近了，现在需要把三个桥墩往外移动到蓝圈的位置。小朋友们觉得该怎么办？

幼儿积极动脑并发言。

师：桥墩往外移动后，你们发现了什么？

幼儿拿筷子试试，发现桥墩离得远了，筷子掉下来了。

2.幼儿分组进行挑战。

指导一：两个桥墩之间搭不上怎么办？

指导二：三根筷子怎么交叉架出三角形呢？

3.分享验证。

师：交叉点上有什么秘密？

幼儿思考。

师：我可以提醒一下哦，哪个在上面，哪个在下面？这是最大的秘密，你们发现了吗？

引导幼儿注意观察。

小结：一号筷子压着二号筷子，二号筷子压着三号筷子，三号筷子压着一号筷子。每一根筷子既要压着别的筷子，又要被另外一根筷子压着。三根筷子相互交叉、穿插、别压，仿佛一把锁牢牢锁在了一起，看上去更加牢固了。

师：今天我们用到的这些办法，也要在我们的生活中运用哦。

【活动延伸】

引导幼儿注意观察生活，发现我国很多木拱桥都使用了交叉、穿插、别压等技巧。

【活动评析】

本次教学活动抓住了生活中幼儿对架构的兴趣点，激发幼儿的探究欲望，帮助幼儿学会自主探究与合作交流。活动中，根据幼儿的发展规律，把探究的主动权还给幼儿，支持幼儿寻找多种架构载物的办法，感受架构的支撑平衡，慢慢了解架构在生活中的运用。教师注重支持幼儿从表述生活经验走向深度表达，为幼儿的科学学习获得更多经验提供可能性，更好地激发幼儿对科学的兴趣和热爱，以及幼儿创造性思维能力、合作能力和解决问题能力的发展。

浙江省海盐县经济开发区东海幼儿园　郁川萍

森林护卫队

* **年龄段**：中班

* **领域**：数学

【设计意图】

中班幼儿求知欲增强、喜欢探索，他们已经认识了一些常见的几何图形，抽象思维能力也有了初步的发展，开始对图形的分割组合产生兴趣，在家里和区域游戏里都有玩拼图的经验，知道要把空白的地方拼完整。但幼儿平时接触的多数都是单面拼图，在拼图时旋转的方法使用较多，翻转的方法涉及的却很少。数学活动来源于生活又服务于生活，而兴趣则是幼儿进行主动学习和探究的前提，于是我们设计了本次活动。

借助"森林护卫队"的情境，让幼儿在充满童趣的情境中不断尝试与操作，加深幼儿对图形分割组合关系的认识，帮助幼儿理解图形之间的关系。然后，让幼儿通过看一看、比一比、翻一翻、转一转，积极探索多种图形组合的方法并进行记录，发展空间转换、对应能力和思维的灵活性。

【活动目标】

1. 尝试按照地形图的要求，选择合适的图形进行组合与匹配。
2. 积极探索多种图形组合的方法并进行记录，发展空间转换、对应能力和思维的灵活性。

3.积极参与游戏探索,感受拼图的乐趣。

【活动准备】

1.教具:课件PPT、组合拼图材料、地形图若干。

2.学具:幼儿人手一份组合拼图的操作材料、记录表、笔。

【活动过程】

一、情境导入,激发兴趣

创设情境:森林警长为了更好地保护森林里动物们的安全,决定成立一支小小护卫队,划分巡逻区域,安排警车巡逻。

出示巡逻队图片,引导幼儿认识、观察、比较。

师:这是森林警长的巡逻图,图中共划分出A、B、C、D、E 5个区域的巡逻任务,请小朋友们认真观察,说一说跟你们之前玩的拼图有什么不同。

幼儿认真观察并积极主动交流。

二、感知平移、旋转、翻转的方法

1.出示A区域,让幼儿感知平移的方法。

师:黑色的地方是小动物居住的地方,白色的地方是需要巡逻的地方。请小朋友们想一想,这是几号警车的巡逻区域?

幼儿猜测并发表看法。

师:小朋友们说得对不对呢?我们来操作一下。

教师按照幼儿的想法进行操作。

小结:这样直接移过去就能完全重合的方法叫作平移。

2.出示B区域,让幼儿感知旋转的方法。

师:小朋友们注意观察,这是几号警车的巡逻区域呢?

幼儿积极发言。

教师根据幼儿的说法操作巡逻图,直到操作成功。

小结:这种需要转方向才能重合的方法叫旋转。

3.出示C区域,让幼儿感知翻转的方法。

师:这次派几号警车,就能保证每一块空地都巡逻到位?

幼儿积极讲述。

教师邀请幼儿操作。

小结:这种需要翻一面之后才能完全重合的方法叫翻转。

教师归纳总结:通过平移、旋转或翻转,我们就可以找到适合的警车,把每一块空地都巡逻到。在这个过程中,教师要注重引导幼儿观察、思考、想象,帮助幼儿在分享、质疑的过程中获得一些空间转换的经验和方法。

三、引导幼儿探索两种图形组合的方法

出示D区域,了解操作任务。

师:请在地形图上摆一摆、转一转,看看哪两辆警车合作能把每一块空地都巡逻到。

邀请若干名幼儿进行操作。

师:请操作的小朋友分享一下自己的方法。

操作地形图的幼儿逐一进行分享。

师:其他小朋友有不同的方法吗?

其他幼儿积极发言。

小结:为了完成D区域巡逻任务,通过平移、旋转、翻转,我们可以找到多种图形组合的方法!

四、探索多种图形组合的方法并进行记录

出示E区域,了解操作任务。

师:这个区域很大,现在请小朋友帮忙想办法安排一下,派哪几辆警车去巡逻。

幼儿分组探讨，派代表进行操作，在规定的时间内看哪组找到的方法多。

活动结束：小朋友们，今天我们成功地帮护卫队完成了A、B、C、D、E 5个区域的巡逻任务，你们太厉害了，让我们为自己点赞吧！

【活动延伸】

1.将地形图和组合拼图投放在数学区，让幼儿继续探索更多组合的形式。

2.投放其他不同类型的地形图，继续挑战。

【活动评析】

　　幼儿学习数学的方法是直接感知、亲身体验、实际操作。本次活动利用巡逻车的形状去匹配巡逻区的形状，通过平移、旋转、翻转的形式让幼儿不断尝试，发展空间转换、对应能力。在活动中，层层递进的教学方式使幼儿在不断的操作中获取经验，进一步验证了幼儿对几何图形经验的积累需要在具体的操作中理解与掌握，也让幼儿在掌握后感受到了数学的有趣。

四川省成都市高新区和美实验幼儿园　陈彬　戚丽萍

森林超市破案记

* 年龄段：大班

* 领域：科学

【设计意图】

《指南》中提出：培养幼儿对科学的好奇心和探索欲望，引导幼儿提出疑问，并尝试寻找答案。基于这样的要求，我们设计了"森林超市破案记"活动，旨在让幼儿在亲自体验与动手操作中感受科学的有趣与魅力，对科学现象产生兴趣。

【活动目标】

1.激发幼儿对科学现象的探究兴趣和探索欲望。
2.幼儿在猜想的基础上，大胆参与实验，锻炼动手操作能力。
3.通过实验操作知道油不能溶于水，理解词汇的"融合"与"分离"。

【活动准备】

教具：故事课件、动物脚印鉴别图。
学具：油、有色水、清水、搅拌棒、记录表、刷子。

【活动过程】

一、导入故事情境，引发幼儿参与探究的兴趣

1.结合故事课件，教师讲述森林超市盗窃案的情节。

师：今天狮子警长接到报案，森林超市发生了盗窃案，超市新进的很多货物被偷走了。狮子警长打电话给我，让小朋友帮忙寻找线索，一起破案，狮子警长在现场已经提取到嫌疑人的脚印，嫌疑犯就在这些动物中，我们一起来看看。

2.观察嫌疑动物图片，启发幼儿大胆猜测，并说出理由。

幼儿积极发言。

师：你们的猜测都有道理，但是破案不能只靠猜测，要有证据才可以捉住小偷，接下来我们一起到猴博士的实验室去寻找证据吧！

二、水和各色水粉颜料的融合实验

1.出示一杯清水和一杯黄色的水粉颜料。

师：如果把黄色的水粉颜料加入清水中，会变成什么颜色？

请幼儿进行猜测。

师：小朋友们说了自己的想法，那结果会怎么样呢？让我们来验证一下吧。

幼儿进行实验，并得出结论。

2.幼儿分组操作，将清水与红色水、黄色水、蓝色水混到一起，并观察混合后的变化。

师：实验后，你们有什么想法？谁来说一说？

幼儿积极发言。

师：为什么有颜色的水与清水混合后会变色呢？

小结：通过清水与有色水的混合，让幼儿理解"融合"的含义，同时为下面的另一个新词汇"分离"做好铺垫。

三、油水分离实验

1.出示油和水，引导幼儿观察和认识，了解油和水外观的特点。

师：水是无色无味的，油是黄色、透明并有味道的。如果我们把油倒入清水里，会有什么样的变化呢？

鼓励幼儿大胆猜测水和油混合在一起会发生的变化。

幼儿积极思考并发言。

2.操作实验，记录结果。

师：水和油融合会像清水和有颜色的水融合时的变化一样吗？

幼儿进行操作实验。

小结：油倒进水里，油水是分离的，没有融合到一起。

教师引导幼儿运用绘画的方法记录实验结果，并互相展示交流自己的发现。

总结：当油和水混合在一起时，它们是分离的，水在下面，油在上面。油不能溶于水的原因是油比水的密度小，所以油会漂浮在水的上面，这就是"油水分离"。

四、运用油水分离的原理来破案

1.教师出示沾有油渍的脚印图。

师：狮子警官告诉我一个重要线索，小偷逃跑时，脚底沾上了厨房地上的油渍，请小朋友们尝试利用刚才科学实验中的油水分离法来破解小偷的脚印。

2.教师介绍实验方法：将有颜色的水刷在带有油脚印的白纸上，水油分离了，脚印就显现出来了。

3.幼儿分组动手操作，判断出脚印是哪个小动物的。

4.出示脚印鉴别图，发现是小猪的脚印，于是小偷找到了。

师：恭喜你们找到了脚印的主人，现在我们去小偷家把饼干和水果拿回来吧。

【活动延伸】

利用各色颜料水和油画棒,在区角尝试"油水分离"创意绘画。

【活动评析】

在活动中,我们设置了有趣的故事情境,以森林超市发生盗窃案的情景贯穿活动始终,引发了幼儿的探究兴趣。在破案过程中,我们鼓励幼儿大胆猜测,并通过实验来验证结果。在引导幼儿亲身操作体验的过程中,让幼儿发现并理解油水不能融合的科学道理。整个破案过程由幼儿操作进行,孩子们运用科学知识找出了小偷。本次活动有助于幼儿形成爱动脑、爱动手的学习品质,活动效果良好。

山东省济南二机床集团有限公司幼儿园 牛新焕

会预报天气的动物

❋ **年龄段**：大班

❋ **领域**：科学

【设计意图】

大班幼儿正处于认知能力快速发展的阶段，他们对生活中的一切都充满了兴趣和好奇心。开展此活动是为了使幼儿进一步了解动物的特有习性，让幼儿通过主动观察发现动物与人一样对自然环境、气候有本能的适应能力。同时激发幼儿对大自然的探究兴趣，引导幼儿根据动物本能的反应探索、分析，丰富幼儿关于气象的知识经验。

【活动目标】

1. 知道一些动物的行为变化与天气变化之间的关系。
2. 能细心观察，尝试根据小动物的习性播报天气情况。
3. 对动物会预报天气的现象感兴趣。

【活动准备】

白板课件、动物头饰（大象、蚂蚁、蜻蜓、青蛙、蜘蛛）、奖牌、雪花片。

【活动过程】

一、导入"动物园招聘天气预报员"情境，激发兴趣

师：今天呀，动物园里出来了许多小动物，它们正在开心地玩游戏时，突然天空下起了大雨，所有小动物都被雨淋湿了。小朋友们，你们有什么好办法可以帮助小动物们知道每天的天气吗？

幼儿积极发言。

师：有小朋友说看天气预报这个方法不错，那你们知道小动物也可以预报天气吗？（激发幼儿兴趣）

情境：动物园的大象站长，为了不让小动物们再被雨淋了，想到一个办法。它在动物园门口张贴了一张海报，上面写着要招聘天气预报员，专门给小动物们预报天气。这个消息一出，许多小动物都赶来应聘，我们一起来看看都有谁？

引导幼儿仔细观察课件，说一说他们看到了哪些小动物。

小结：小蜻蜓、小青蛙、蜘蛛和小蚂蚁，都来应聘天气预报员的工作啦！

二、了解不同动物"预报天气"的方式

师：看到这么多小动物来应聘，大象站长可高兴了。可是选谁呢？大象站长决定试试来应聘者的本领。

第一个上场的是蚂蚁，蚂蚁说可以通过"蚂蚁搬家"来预报天气。

师：小蚂蚁是怎么知道要下雨的呢？

引导幼儿注意观察课件。

小结：要下雨之前，住在地底下的小蚂蚁们能感觉到家里变得很潮湿，于是它们会召集小伙伴们搬东西，用干燥的土粒堵住洞穴；如果小蚂蚁感觉到雨会下得很大，它们就会搬家，搬到地势较高的地方；下雨前气压会比较低，蚂蚁窝里没有充足的氧气，蚂蚁也会

搬家。

师：这下大家知道小蚂蚁为什么要搬家了吧！

第二个来应聘的是蜻蜓。

师：我们一起来看看，第二位应聘的是谁呢？它在干什么？

师：蜻蜓低飞与天气变化有什么关系呢？

引导幼儿注意观察课件。

师：你们看到了什么？谁愿意来分享一下。

邀请两位幼儿说一说看到了什么。

小结：下雨前空气中的水汽增多，会打湿蜻蜓的翅膀，蜻蜓会飞得很低；同时，蜻蜓爱吃的小虫子的翅膀也被打湿，不能高飞，蜻蜓为了捕捉到小虫子，也会在低处飞行。

师：下雨前，除了小蜻蜓，你们还知道哪些小动物会低飞呢？

幼儿积极发言，教师注意引导幼儿说出小燕子或者带翅膀的小动物。

师：看，第三位应聘者来了，它是谁？（小青蛙）

师：听，小青蛙在不停地叫，它们为什么会叫得这么大声，而且不停地叫呢？青蛙叫和天气变化有什么关系吗？

幼儿积极思考，并分享自己的想法。

师：是不是小朋友们说的那样呢？我们一起来看看课件吧。

引导幼儿注意观察课件。

师：你们看到了什么？谁愿意来分享一下。

邀请两位幼儿说一说看到了什么。

小结：下雨前，空气会变得潮湿，这是青蛙们喜欢的环境；而且雨季时会有很多昆虫生小宝宝，这些昆虫是青蛙们喜欢的食物。在喜欢的环境，又能捕捉到喜欢的食物，青蛙就会开心地叫。

师：原来是这样，那在小青蛙后面的应聘者又会是谁呢？

师：小蜘蛛来了，但是小蜘蛛说它跟前面的小动物不一样，怎么不一样呢？我们来看看。

小结：作为天气预报员，除了预报阴天和雨天，还要预报晴天，蜘蛛结网就预报了好天气，就会织网抓小虫子吃。

三、竞聘天气预报员

师：了解了来应聘的小动物的本领，大象站长会选谁呢？如果你是大象站长你会怎么选？

幼儿积极发表看法。

师：大象站长提了一个要求，它要求应聘的小动物进行自我介绍，并模拟一下天气预报播报，来给自己拉票！

教师挑选出4位积极的小朋友，分别戴上四种小动物的头饰，进行角色扮演。

师：现在请扮演蚂蚁、蜻蜓、青蛙、蜘蛛的小朋友依次为自己拉票吧。

4名幼儿逐一进行展示。

师：4位小朋友，谁说得好呢？大象站长会选谁呢？大象站长想邀请你们给它们投票，一起选出那个最适合预报天气的小动物。

其他幼儿拿着雪花片进行公开投票，大象站长统计票数，得票最高者将可以做天气预报员。

师：恭喜天气预报员被成功选出来，请大象站长为它颁奖，我们将掌声送给它。

【活动延伸】

在科学区投放更多可以预报天气的小动物角色，供幼儿进一步学习与探究。

【活动评析】

本次活动通过创设"招聘天气预报员"的情境，激发了幼儿兴趣，幼儿在活动中认真观察、积极思考、大胆表达，了解了许多动物具有预报天气的本领，知道了这些动物的行为变化与天气变化之间的关系，同时也促进了幼儿学习能力的提升。幼儿对本次活动的兴趣贯穿始终，完整体验了招聘天气预报员、竞聘天气预报员的全过程，尤其活动最后由幼儿扮演小动物的角色进行天气播报，加深了幼儿对动物感知天气变化能力的深刻理解。本次活动让幼儿体会到了做事要有始有终的实际意义，活动效果较好，教学目标达成度高。

江苏省淮安市洪泽实验幼儿园 许梦云

巧过火焰山

∗ **年龄段**：大班

∗ **领域**：科学

【设计意图】

大班幼儿的抽象逻辑思维开始逐步发展，"数独"游戏可促进幼儿抽象逻辑思维能力的提升。根据大班幼儿的年龄特点，结合中国古典神话故事《西游记》中的经典片段"三借芭蕉扇"，我设计了闯关的游戏情境来引导幼儿在解码的过程中认识、探索异形数独的活动。

【活动目标】

1. 理解故事情节，了解四宫格及异形数独的特点。
2. 探索数独密码锁的解码技巧，能双人合作修复数独盘。
3. 体验独立思考、解码成功的成就感及助人的乐趣。

【活动准备】

1. 经验准备：幼儿有玩三宫格数独的经验。
2. 物质准备：课件、游戏操作卡（图案四宫格、异形四宫格）。

【活动过程】

一、创设借扇情境，激发幼儿兴趣

师：小朋友们，唐僧师徒四人去往西天取经，今天他们到了哪里？（出示动画：唐僧师徒四人到达火焰山）

师：到了火焰山，要怎样才能过去呢？

幼儿积极发言。

小结：要向铁扇公主借芭蕉扇，扇灭火焰后才能通过。

师：哦，要向铁扇公主借芭蕉扇才可以通过，那她会同意吗？

幼儿猜测并发言。

师：小朋友们说了自己的想法，现在我们来听一听铁扇公主是怎么说的。

小结：铁扇公主因为红孩儿被抓的事情不同意借扇子，要刁难一下孙悟空。

展示游戏情境画面，激发幼儿挑战兴趣。

铁扇公主：孙悟空，想要拿到芭蕉扇也可以，但我这里有两把扇子，一把真的一把假的，分别被我锁在了芭蕉洞的两个石门后，你想办法去取吧！

小结：利用课件以情境化的故事情节导入，引出石洞闯关环节，让幼儿在不知不觉中进入游戏情境，参与闯关，激发学习兴趣。

二、初入芭蕉洞，解码数字密码锁

师：小朋友们仔细观察，你们发现了什么？

出现"4×4"的数字四宫格，要在4个空格中填充数字。

幼儿认真观察，通过观察引导幼儿发现密码锁的规律，为进一步解密做铺垫。

师：你们发现秘密了吗？现在来操作一下吧，先找一个空格的行或列填写。

幼儿边尝试边说出自己的想法,教师根据幼儿的想法进行操作。

师:这样操作对不对呢?请密码小卫士帮忙检查一下吧!试试能不能打开石门?

小结:利用课件的现代化技术,加入密码小卫士动画的检查方法可以保持幼儿在活动中的兴趣度,烘托活动氛围。

师:芭蕉洞的密码锁就是数独密码锁,解密的诀窍就是每行每列的数字都不能重复。当空格多的时候,找空格少的行或列先填是个不错的方法哦。

三、再入芭蕉洞,解码图案密码锁

师:孙悟空顺利拿到了芭蕉扇,他来到火焰山使劲儿对着火扇呀扇,发生了什么?(火越来越大)

师:为什么火越来越大呢?(借到的是假扇子)

师:孙悟空还得再去一次芭蕉洞,我们来看看会遇到什么。

出现2个"4×4"密码锁,每个密码锁上都有四种图案,如蟠桃、金箍棒、紧箍咒、筋斗云为一组,孙悟空、沙和尚、唐僧、猪八戒为一组。

师:密码锁有了变化,你有什么发现?

幼儿积极讲述。

师:密码锁一个个开,效率有点低,可以怎么做?(分工合作)

幼儿合作操作。

师:都解码成功了吗?谁来说一说?你们有没有发现这些密码锁的颜色格子有什么共同的规律?

幼儿积极讲述。

小结:每一行每一列的图案都不重复,每一种颜色内的图案也不重复。

四、三入芭蕉洞,修复异形密码锁

师:孙悟空再次拿到芭蕉扇,他来到火焰山轻轻一扇,火就熄灭了。但芭蕉扇的威力太大了，大风不仅把火焰熄灭了，还把石门上的密码锁刮落到了地上。你们愿意帮助孙悟空修复密码锁吗？

左侧出现"4×4"的无色底板，需要将右侧散落各处的图案组合拼凑在左侧底板上，使得每一行每一列都有四种不重复的图案，并且每一种颜色方格里的图案也不重复。

幼儿操作要求：

① 合作游戏，两人一组修复密码锁。

② 先一起讨论，再动手修复。

③ 散落的密码盘只能平移。

幼儿进行操作，教师巡回观察。

师：修复成功了吗？这些数独锁一样吗？你们发现了什么？

幼儿积极发言。

小结：幼儿两两合作，先讨论、后操作的形式有利于促进幼儿之间的交流。操作完后利用多屏互动检查、交流反馈，可以引导幼儿逐步发现数独排列的多样性。

五、了解数独多样性，拓宽幼儿思维

师：除了方形，还有其他形状的数独哦。

展示圆形数独和三角形数独，引导幼儿观察，发现其规律。

师：谁来说一说你的发现？

幼儿积极讲述。

小结：不同形状的数独拓展了幼儿的思维和认知，激发了幼儿对特殊数独的兴趣。

【活动延伸】

区域时间引导幼儿在数学区探索更多的数独排列规律。

科 学

【活动评析】

本次数学活动以幼儿喜欢的《西游记》中的故事情节为载体，融入有趣的数独解码游戏，在活动中，有幼儿的独立操作，也有同伴间的相互合作，营造了一个宽松、愉悦的氛围，在此基础上引导幼儿自主观察、自由探索并发现解密技巧，实现了本次活动的目标。

本次活动注重动画效果的使用，让课堂变得更加生动有趣，幼儿之间的交流、分享，不仅促进了同伴之间的交往，同时还提高了语言讲述能力与思维能力，让幼儿对数学活动产生了兴趣。

江苏省苏州市吴中区龙潭实验幼儿园 胡秦

果蔬通电

* 年龄段：大班

* 领域：科学

【设计意图】

《纲要》强调，科学教育应贴近幼儿生活，利用日常事物与现象作为探索对象。水果和蔬菜作为幼儿饮食的必需品，除食用外，还蕴含着诸多待幼儿探索的秘密。本次科学活动以果蔬为媒介，旨在满足大班幼儿的好奇心和探索欲，让他们在熟悉的材料中直观地接触科学。本次活动能让幼儿初步感知果蔬导电原理，满足其好奇心，并学会在探索中发现问题。

【活动目标】

1. 尝试正确连接简易电路，探索用苹果让灯泡亮起来的方法。
2. 知道部分果蔬能够发电，并在表格上记录实验结果。
3. 对果蔬通电现象感兴趣，进一步激发探索的愿望。

【活动准备】

物质准备：若干果蔬（苹果、土豆、柠檬、花菜）、发电材料（铜片、锌片、导线、灯泡）、实验操作记录纸、笔、教学PPT（实验原理视频、插片方式图)。

经验准备：幼儿已有简单的电路连接经验。

【活动过程】

一、情境导入

师：妈妈的生日到了，奇奇和妙妙精心准备了一个礼物，可是礼物还没送给妈妈，就遇到了一个大麻烦，让我们一起去看看怎么回事吧。

师：原来他们送给妈妈的礼物上的灯不亮了，你们有什么办法让灯亮起来吗？

幼儿积极发言。

小结：很多幼儿在家遇到过这种情况，不少幼儿提到检查电池或插座，表现出了一定的生活经验。

二、苹果通电

1.苹果激趣。

师：上一环节，小朋友们提到了很多方法，那你们知道苹果也可以让小灯泡亮起来吗？

师：现在让我们来做个投票，觉得苹果能让小灯泡亮起来的小朋友请举手。

幼儿积极参与，教师通过举手投票的情况了解了幼儿当前的认知水平。

2.问题引导，掌握方法。

师：在我们做实验前，先来考考大家，如果使用苹果让小灯泡亮起来，能做到吗？还需要什么其他材料？

幼儿积极讲述。

小结：用苹果让小灯泡亮起来，还需要金属片和导线的帮助。

师：我们现在一起来看看这张操作图纸，你们看得懂吗？

幼儿仔细观察并表达看法。

教师提问：连接小灯泡的导线和连接苹果块的导线有什么不同？

幼儿积极讲述。

3.初次操作。

师：老师已经将材料放在桌子上了，请你们回到位置上，看着图纸，利用这些材料让小灯泡亮起来吧。

幼儿初次操作，教师巡回指导。

师：有成功的小朋友吗？你是怎么做到的？

幼儿积极展示。

师：成功和没成功的区别在哪里呢？

通过对比，引导幼儿发现成功和没成功的区别。

4.第二次操作。

师：在第一次尝试的基础上，请小朋友们再来试试看吧。

幼儿进行第二次操作，教师巡回指导。

幼儿操作结果反馈。

师：看来大部分小朋友都成功了，现在让我们来看一个视频，巩固一下认知。

5.教师播放视频，初步了解果蔬电池的制作方式。

师：看完视频，我们知道了金属片要插得稍微深一些，每一块苹果上要有两片不同颜色的金属片，这样才能让小灯泡亮起来。

三、解秘果蔬通电

提供准备好的土豆、柠檬、花菜和操作记录表。

师：刚刚我们尝试了苹果可以通电，那么土豆、柠檬、花菜能通电吗？小朋友们来操作一下吧，同时还要把操作结果记录在记录表上哦。

幼儿分成三组，先完成猜想再进行操作，小组长负责把结果记录下来，教师巡回指导。

实验结果分享：土豆、柠檬能通电，花菜不能通电。

师：不是所有果蔬都可以通电，那么为什么有的果蔬会通电呢？

小结：果蔬里面含有一种叫果酸的成分，当它遇到两种不同的金属时，果酸就会变成氢离子，氢离子通过导线，小灯泡就可以亮了。

师：知道了这个秘密，现在让我们快把这个发现告诉奇奇和妙妙吧。

【活动延伸】

请小朋友们回家尝试更多的果蔬实验。

【活动评析】

该活动紧密围绕幼儿的日常生活以及兴趣点展开，最大限度地发挥了集体活动的有效性。具体体现在以下两个方面：第一，鼓励幼儿自主探索、体验成功的乐趣，激发幼儿思考与探索的欲望，将以往的被动接受转换为主动思考，激发幼儿参与和不断学习的兴趣与积极性。第二，注重幼儿间的互动与交流。在操作中，幼儿根据自己看到的与想到的进行实践操作，在实验中发现问题、解决问题，交流相互看到的情况，讨论、协商如何记录探索结果，促进了幼儿间积极的互动与交往。

浙江省宁波市第一幼儿园　张蕊

社 会

一二三，自己爬起来

* **年龄段**：小班

* **领域**：社会

【设计意图】

小班幼儿年龄小，有很强的依赖心理，也习惯于被帮助。日常生活中时常能够看到幼儿遇到问题，不是想办法解决而是习惯于求助成人，自理能力差。鉴于幼儿喜欢听故事的特点，我选择了《一二三，自己爬起来》，希望通过故事情节帮助幼儿理解勇敢的含义，培养良好品质。

【活动目标】

1. 感受故事中有趣的情节，并在情绪体验中知道跌倒了要自己爬起来。
2. 在看一看、讲一讲、演一演的过程中，帮助幼儿树立"自己来"的意识，培养勇敢、独立的良好品质。

【活动准备】

1. 草原环境布置、地垫若干。
2. 小熊、小羊、小兔、小老鼠和小猴挂牌若干。

3.纸杯玩偶(小熊、小羊、小兔、小老鼠和小猴各一个)。

【活动过程】

一、趣味互动,激发兴趣

师:今天老师带来了一个小动物朋友,它想跟你们一起玩,看看它是谁呀?

出示小熊手偶,与幼儿互动。

师:小熊来跟你们打招呼了,小朋友们也来跟它打个招呼吧!

引导幼儿热情地跟小熊打招呼。

师:小熊说很喜欢你们,想和小朋友们去草地上玩,我们一起去吧。

二、操作演示,学习故事

1.运用桌面演示教具,边演示边讲故事前半段,并进行适度插问。

故事讲述:天气真好!太阳红彤彤,小草绿油油。一只小熊高高兴兴地在草地上玩。忽然,"扑咙咚!"小熊跌倒了。小羊看见了来拉小熊,"扑咙咚!"小羊也跌倒了。小兔看见了来拉小羊,"扑咙咚!"小兔跌倒了。小老鼠看见了也来拉小兔,"扑咙咚!"小老鼠也跌倒了。

提问:

(1)小熊在草地上发生了什么事?

(2)有哪些小动物来了?

(3)小动物们为什么拉不动,而且一个个都跌倒了?

幼儿在听故事的过程中充分观察教师的演示,通过直观比较感受小羊、小兔和小老鼠身体的"小"和小熊身体的"大"。

师:请小朋友们帮小动物们想想办法,怎么才能帮助小熊起来呢?

幼儿积极讲述。

2.教师有感情地讲述故事，结合故事内容采用夸张的动作和语气引导幼儿再次感受小动物互相拉对方的情节，加深幼儿的印象。

3.师幼互动，提高幼儿对故事的理解。

小熊来到了草地上，草地上有什么呀？（太阳红彤彤，小草绿油油）

小熊在草地上游戏的时候摔倒了，小羊看到小熊摔倒了，是怎么做的？（来拉小熊）

小羊为什么也跌倒了？（因为小熊太重了）

接下来谁来了？（小兔）

谁来描述一下小兔长什么样？（幼儿根据自身经验积极讲述）

小兔怎么样了？它成功了吗？（没有成功，力气太小）

小兔之后谁来了？（小老鼠）

谁知道小老鼠是怎么叫的？（吱吱吱）

小老鼠成功了吗？（没有）

师：这几个小动物是好朋友，它们相互帮助但都失败了。小朋友们，如果是你们的好朋友摔跤了，你们会帮忙吗？

幼儿积极发言。

4.操作演示并讲述故事的后半段，帮助幼儿理解故事的寓意。

故事讲述：小猴看见了，连忙大声喊："一二三，自己爬起来！"小熊、小羊、小兔、小老鼠一个接一个地都自己爬起来了，小动物们一起高高兴兴地在草地上玩耍！

师：小猴子说了什么？（一二三，自己爬起来）

互动：为什么要自己爬起来？

幼儿积极发言。

小结："一二三，自己爬起来"既是鼓励，又是解决问题的方法。这个故事告诉我们要勇敢、独立，做一个坚强又勇敢的人。

师：小动物们听到小猴说的"一二三，自己爬起来"，都依靠自己的力量站起来了，很棒！小朋友们学到了吗？

三、表演故事,增强感受

教师分发小动物挂牌。

教师扮演小熊,小朋友们扮演其他小动物进行故事表演,让幼儿体验自己跌倒自己爬起来,充分理解"一二三,自己爬起来"这句话的含义。

小结:通过故事表演,隐性地引导幼儿明白跌倒了可以自己爬起来,不用别人拉,并产生愉快的情绪体验。

师:小朋友们,表演了这个故事,你有什么感受?

幼儿积极讲述。

活动自然结束。

【活动延伸】

今天我们学习了"一二三,自己爬起来"这个道理,让我们把《一二三,自己爬起来》这个故事跟更多的人分享一下吧,让他们也明白其中的道理。

【活动评析】

针对小班幼儿平时在行为习惯上存在较强依赖性的特点,我选择了《一二三,自己爬起来》中的故事作为"隐性示范"的方式和手段,将小动物跌倒后自己爬起来的情节迁移到幼儿的生活中,使幼儿在日常生活中乐意尝试"自己来"。活动坚持直观和操作的原则,让幼儿在直接的观察、比较中理解故事内容,充分体验"一二三,自己爬起来"的成功感和乐趣,从而达到情感上的认同和理解。

浙江省海盐县三毛幼儿园 朱宇慧

一心一意

※ **年龄段**：小班

※ **领域**：社会

【设计意图】

《指南》指出：重视幼儿的学习品质。好习惯的养成可以让幼儿终身受益，基于这样的思考，又加上小班幼儿注意力分散的特点，我设计了本次活动。活动中通过让幼儿交流讨论、实际操作、亲身体验，感受一心一意做事的重要性，进而帮助幼儿养成一心一意做事的好习惯。

【活动目标】

1. 通过交流讨论、实际操作、亲身体验，理解一心一意的含义，知道做事要一心一意。
2. 愿意认真专注地做事，养成一心一意做事的好习惯。

【活动准备】

《小猫钓鱼》故事PPT、幼儿操作材料（钓鱼竿、小鱼卡、托盘）。

【活动过程】

一、图片导入，激发兴趣

师：小朋友们好，今天呀，老师给大家带来了一张图片，小朋友们来看一看。

幼儿认真观察。

师：图片上都有谁？它们在做什么？

幼儿积极讲述。

师：图片上的小猫在钓鱼，那你们有钓过鱼吗？知道怎么钓鱼吗？

幼儿积极讲述，气氛活跃。

师：今天老师要跟小朋友们一起学习一个故事，这个故事的名字也叫《小猫钓鱼》，我们来看看这是一个什么样的故事吧！

二、播放PPT，学习故事

1.播放故事PPT第一部分。

提问：

（1）小猫跟猫妈妈钓鱼，小猫做了什么？

（2）你们觉得小猫会钓到鱼吗？

幼儿充分观察并讲述。

2.播放故事PPT第二部分。

提问：

（1）小猫回到河边，发现了什么？

（2）看到猫妈妈钓了一条鱼，小猫心里怎么样？

（3）小猫继续钓鱼，又发生了什么事？这次，它能钓到鱼吗？

幼儿充分观察并发挥想象，积极讲述。

3.播放故事PPT第三部分。

提问：

（1）小猫再次回到河边，发现猫妈妈又钓到一条鱼！小猫心情如何？

（2）小猫对妈妈说了什么？

播放小猫音频：妈妈，我为什么钓不到鱼呢？

师：小朋友们想一想，小猫为什么钓不到鱼？

幼儿积极讲述。

师：小朋友们说了自己的看法，现在我们来听听猫妈妈是怎么说的。

播放猫妈妈音频：一心一意才会钓到鱼。

师：猫妈妈说要一心一意才会钓到鱼，那么一心一意是什么意思呢？

幼儿积极回答。

小结：一心一意就是认真专注地做一件事情。

4.播放故事PPT剩余部分。

师：接下来，你们猜，小猫会怎样去钓鱼？

幼儿猜测并讲述。

师：很多小朋友都觉得，它会一心一意去钓鱼，我们一起来看一下是不是这样。

幼儿观察故事画面，教师提问：

（1）蜻蜓飞来了，蝴蝶也飞来了，小猫在做什么？

（2）这次，它能钓到鱼吗？

幼儿充分观察并积极与教师互动。

小结：小猫一心一意，成功钓到了鱼。看来，我们做事情要一心一意哦。

三、游戏：一心一意来钓鱼

师：老师这里准备了一些游戏操作材料，我们分组来玩钓鱼游戏吧。

幼儿分组挑选材料。

师：你们准备怎样钓鱼呢？

幼儿积极发言。

师：对，要一心一意钓鱼哦！一人一个钓鱼竿，注意力要集中。

儿歌：跟着老师走走，跟着老师走走，走走走走走走走走，来到河边钓鱼……

幼儿进行操作。

四、联系生活，情感升华

师：小朋友们，你们钓到了几条鱼？是怎么钓到的？（幼儿积极交流分享）

小结：小朋友们一心一意钓鱼，都成功钓到了好多条鱼。

师：小朋友们真棒，那老师想问一下，生活中还有哪些事情需要我们一心一意去做呢？

幼儿积极发言。

小结：生活中有很多事情需要一心一意去做，我们要从小养成一心一意做事的好习惯。

播放小猫音频：小朋友们都很棒，我也要好好学本领，以后会一心一意做事的，改天我们约着一起钓鱼啊！

活动自然结束。

【活动延伸】

引导幼儿观察班级里做事情一心一意的小朋友，下次语言活动时进行分享。

【活动评析】

好习惯的养成使人终身受益，所以要注重从小培养幼儿的好习惯。本次活动先由小猫钓鱼的图片导入,让幼儿讨论钓鱼经验,成功激发了幼儿的兴趣;接着通过学习《小猫钓鱼》的故事,让幼儿了解一心一意做事的含义,知道了专心做事的重要性;最后通过游戏让幼儿亲自操作、亲身体验,增强感受,情感升华。在活动中力求形成合作探究式的师幼互动,并注意引导幼儿细心观察、大胆猜测、交流讨论、勇敢表达,帮助幼儿逐步加深对一心一意、认真专注做事的理解,从而树立一心一意专注做事的意识。

河南省荥阳市第一幼儿园 秦楠

抱一抱

* **年龄段**：小班

* **领域**：社会

【设计意图】

小班下学期的幼儿，渐渐有了与同伴交往的意愿，但是如何与同伴友好地交往？如何去关心同伴？幼儿们还处于懵懂状态，需要教师为他们创造交往环境的同时进行适宜的引导。考虑到小班幼儿的年龄特点，我设计了这次情境性的社会活动，让幼儿们在情境中游戏、体验。

【活动目标】

1. 理解"抱一抱"的内涵，能够用抱一抱的方式表达对同伴的喜欢和关心。

2. 通过游戏，感受同伴之间相互抱一抱的快乐。

【活动准备】

1. 兔妈妈胸饰一个，兔宝宝胸饰若干个（与幼儿人数相同），大灰狼头饰、尾巴各一个。

2. 春天场景布置（草丛、小动物、小花、小草），兔子洞布置

(彩圈)，相关音乐、视频。

【活动过程】

一、情境导入，激发兴趣

播放音乐——鸟叫声。

师：兔宝宝们，你们听到了什么声音？（鸟叫声）

师：听到鸟叫声，你们想到了什么？

幼儿积极讲述。

播放欢快音乐。

师：春天到了，小草发芽啦，花儿开了，小鸟邀请我们一起出去玩游戏呢！你们想不想去呀？让我们一起出发吧！

教师播放春天的课件。

师：春天是什么样子的？你们看到了什么？

幼儿讲述自己的发现。

小结：情境导入，激发幼儿的好奇心和兴趣，为接下来更加投入地参与活动打下良好的基础。

二、互动游戏，体验"抱一抱"

1.第一次"抱一抱"，体验"抱一抱"的感受。

师：兔妈妈带领兔宝宝们去草地玩，玩得很开心。你会怎样表达开心的情绪呢？

幼儿积极分享自己的经验。

师：有小朋友提到了会跟好朋友抱一抱，那么抱一抱是什么感受呢？让我们找个朋友抱一抱吧！

播放音乐"抱一抱"，教师引导幼儿跟着音乐找朋友抱一抱，体验与朋友抱一抱的感受。

师：谁愿意分享和朋友抱一抱的感觉是怎样的？

幼儿积极讲述。

2.第二次"抱一抱",体验与多人抱一抱的感受。

师:兔宝宝们继续往前走,来到了广阔的草地上,这片草地上都有什么呢?

播放欢快的音乐,引导幼儿注意观察。

师:草地上有很多小动物,还有好多好多草,兔宝宝们可开心了,要和不同的小动物抱一抱。现在,小朋友们来找不同的朋友抱一抱吧,然后说一说跟很多朋友抱在一起的感觉是怎样的。

幼儿积极与多个同伴拥抱互动,并讲述自己的感受。

3.扩展思路,思考与同伴交往的友好方式。

师:兔宝宝们,玩累了吧,让我们坐在草地上休息会儿。

师:刚才我们和朋友们互相抱一抱,也说了自己的感受,了解到抱一抱是跟他人表示友好的一种方式。那么除了抱一抱,还有哪些方式可以向同伴表示友好呢?

鼓励幼儿说一说。

小结:与别人交往时,除了抱一抱,还可以拉拉手、碰一碰、贴一贴,表示自己的友好,让幼儿懂得如何与他人友好交往。

三、挑战游戏"大灰狼来了"

1.兔宝宝第一次"躲进洞"。

师:兔妈妈听说大灰狼最近经常出没,大灰狼来了,该怎么办?哪里最安全呢?(躲到家里)躲的时候要悄悄的,不然会被大灰狼发现。小朋友们来模仿一下"悄悄的"这个动作吧。

幼儿模仿。

师:大灰狼来了,兔宝宝们赶紧躲到家里去吧!

幼儿游戏。

师:兔宝宝们真机灵,很快就回到家躲了起来,大灰狼走了,现在安全啦!让我们一起抱一抱吧!

2.兔宝宝第二次"躲进洞"。

师：兔宝宝们，听，是什么声音？（风声）刚刚刮了一阵大风，你们看，大风把我们好多"家"都吹没了。少了这么多"家"，要是大灰狼再来，可怎么办呀？

幼儿讲述解决办法，教师注意引出幼儿的协作意识。

师：为了躲避大灰狼，小朋友们要相互协作，可以两个小朋友抱在一起躲在一个"家"里哦。

幼儿协作游戏，感悟关心同伴的快乐。

师：兔宝宝们做得都很好，成功地躲开了大灰狼。那么如果有兔宝宝没有找到家，该怎么办呢？

小结：如果遇到没有及时找到家的兔宝宝，要主动邀请他们一起躲起来，抱一抱，告诉他们不要害怕。原来，害怕的时候也可以抱一抱。

四、活动总结，情感升华

师：喜欢别人的时候可以抱一抱，害怕的时候也可以抱一抱，还有什么时候可以抱一抱呢？

幼儿积极讲述。

师：接下来，让我们看一个视频，看看视频里都做了什么吧。

播放视频，幼儿注意观察。

小结：通过视频，引导幼儿知道开心、伤心、生病及赢得比赛的时候也可以抱一抱，进一步升华抱一抱的情感。

【活动延伸】

在阅读区投放关于拥抱的绘本，供幼儿自主阅读，进一步理解拥抱的含义。

【活动评析】

　　小班幼儿年龄小，本次活动充分考虑到小班幼儿的年龄特点，创设了情境，让幼儿自然地参与活动。活动中通过肢体动作抱一抱、碰一碰、拉拉手等方式，让幼儿学会友好交往。然后在游戏挑战中激发幼儿关心同伴的情感，促进了每个幼儿富有个性的发展。最后的情感升华部分，采用观看视频的形式启发幼儿知道更多抱一抱的内涵，丰富了幼儿的认知经验。整体效果良好，也很好地达到了教学目标。

江苏省苏州市吴中区龙潭实验幼儿园　金新芳

爱妈妈

✻ 年龄段：中班

✻ 领域：社会

【设计意图】

本次课程的生成，起源于幼儿对班主任肚子里宝宝的浓厚兴趣。随着班主任老师的肚子逐渐隆起，小朋友们的好奇也日渐升温，他们常常会驻足在班主任老师身旁，一会儿听一听，一会儿摸一摸，还会问很多问题。于是我抓住这个教育契机，根据幼儿对生命起源的兴趣，设计了本次活动。

【活动目标】

1.了解妈妈孕育宝宝时的辛苦，感受到妈妈对自己深深的爱。

2.结合生活情境，能够用语言和多种方式向妈妈表达爱，学会感恩母亲。

3.感受生命的可贵，体验妈妈怀孕的辛苦，增强爱妈妈、关心妈妈的情感。

【活动准备】

经验准备：在家与父母讨论"我从哪里来"的话题，收集并记录

"我从哪里来"亲子调查问卷表。

物质准备：

1.教具：一体机、实物展台、教学课件PPT、《母鸭带小鸭》音乐、幼儿妈妈怀孕时的照片和寄语视频。

2.学具：人手一个鸭蛋、人手一件小黄鸭围裙、幼儿调查记录表及场景图若干。

【活动过程】

一、情境导入，体验妈妈孕育宝宝的辛苦

教师播放音乐《母鸭带小鸭》。

师：请每位小朋友在自己的衣服里塞上一个鸭蛋，跟着老师扮演怀孕的鸭妈妈。

幼儿跟随教师一起模仿鸭妈妈走路、弯腰喝水、游泳、做游戏、轻轻坐下等动作。

师：小朋友们，模仿鸭妈妈你们觉得累吗？

请幼儿谈谈"做妈妈"的感受。

小结：通过扮演怀孕的鸭妈妈，幼儿能够感受到怀孕做事不方便且容易劳累，体会到了妈妈怀宝宝的辛苦，激发了幼儿爱妈妈的情感。

二、分享调查表，感受母爱

师：前些天组织大家回家与爸爸妈妈完成《"我从哪里来"调查表》，现在就请你们拿出你们的调查表和旁边的小朋友一起讨论一下吧！一会儿请小朋友到前面来讲一讲。

幼儿积极讨论与分享。

教师邀请个别幼儿在集体面前讲一讲刚才讨论的结果。

小结：通过分享，幼儿们知道了妈妈在怀孕时会有不同的反应，比如呕吐、腰疼、睡不着等。随着宝宝在妈妈肚子里越长越大、越来越重，妈妈的身体会变得越来越笨重，很辛苦。

师：虽然妈妈在怀我们时很辛苦，但是她的心情是怎样的？

幼儿积极讲述。

师：是的，尽管妈妈怀宝宝很辛苦，但是她们很开心，非常期待小宝宝的出生。

三、了解胎儿在妈妈肚子里的变化，感恩母亲

教师播放视频，引导幼儿注意观察。

师：小朋友们要认真观看，看看小宝宝在妈妈肚子是怎么生长的。

幼儿认真观察。

小结：通过播放视频动画，让幼儿看到小宝宝由小变大的过程，感受生命的神奇，同时还通过体会胎儿变大对妈妈产生的压迫，激发幼儿感恩母亲的情感。

四、播放妈妈寄语，感受母爱的伟大

师：小朋友们，你们想不想看看妈妈怀你们时的样子？

师：老师这里有你们妈妈怀孕时的照片，我们来看一下吧。

教师播放课件，展示班级幼儿妈妈们的怀孕照片。

师：看完谁可以说一说你的感受？

幼儿积极表现，教师邀请个别幼儿讲述。

师：老师这里还有妈妈对你们的寄语，也来看一下吧。

播放妈妈们的寄语视频，幼儿认真观看。

师：好感动啊，妈妈辛苦生育我们，却不求回报，妈妈真的很伟大。

五、情感升华，引发幼儿表达对妈妈的爱

为幼儿提供妈妈日常生活场景的图片，鼓励幼儿讨论在不同的场

景下如何向妈妈表达爱意。

师：图片中的妈妈看起来怎么样？在干什么？我们怎么做才能让妈妈感受到我们也是爱她的呢？

幼儿积极讨论与交流。

小结：结合生活场景，激发幼儿勇于向妈妈表达爱的情感。当妈妈心情不好时，我们可以抱抱她，说甜甜的话；当妈妈劳累的时候，我们可以给她捶捶背；当妈妈过节时，我们可以给她唱首歌、送枝花……

【活动延伸】

带领幼儿开展户外护蛋行动，感受生命的可贵。

【活动评析】

《纲要》中指出：要善于发现幼儿感兴趣的事物、游戏及偶发事件中所隐含的教育价值，把握时机，积极引导。本次活动基于幼儿的兴趣而设计，通过环环相扣的环节，让幼儿循序渐进地学习与探究，在满足幼儿好奇心的同时，也让幼儿了解了妈妈怀胎十月的辛苦，懂得了生命的可贵，激发出幼儿爱妈妈、感恩母亲的情感，并学会了用多种方式向妈妈表达爱意。

河南省郑州市金水区新建幼儿园　王淑雅

大狮子和小老鼠

* **年龄段**：中班

* **领域**：社会

【设计意图】

《大狮子和小老鼠》的故事中，遇险的大狮子被不起眼的小老鼠拯救这一对比强烈的故事情节，深深吸引了幼儿。基于幼儿的兴趣，我设计了本次活动，引导他们通过理解故事，增进共情；知道每个人都有自己的长处，要善于发现别人的优点，懂得尊重弱小和知恩图报。

【活动目标】

1.理解故事内容，知道大狮子和小老鼠的不同本领。

2.能初步归纳出"每个人都有自己的长处"的故事寓意。

3.让幼儿懂得谦虚，懂得尊重弱小和知恩图报。

【活动准备】

大狮子和小老鼠手偶、故事视频及课件。

【活动过程】

一、手偶导入，激发兴趣

师：小朋友们好！今天老师给小朋友们带来两个动物客人，我们看看它们是谁？（大狮子和小老鼠）

幼儿观察大狮子手偶时，教师提问：大狮子是什么样子的？

幼儿观察小老鼠手偶时，教师提问：小老鼠是什么样子的？

幼儿充分讲述。

小结：大狮子看上去很威风、很凶猛，小老鼠看上去虽弱小但很机灵。

师：大狮子和小老鼠如果在一起，它们会发生什么事呢？我们一起来听一个故事，听故事的时候小朋友要认真、仔细听哦！

播放故事音频，幼儿仔细倾听。

二、学习故事，感知故事寓意

1.教师讲述故事第一段至"把小老鼠放了"。

提问：

（1）小老鼠被抓后，它的心情是怎样的？

（2）小老鼠对大狮子说了什么？小朋友们来学一学吧。

幼儿充分回答问题，并模仿小老鼠讲话。

师：小朋友们学得真像，看来小老鼠真的被吓坏了。

提问：那么听了小老鼠的话后，大狮子是怎么说的呢？

幼儿回答。

师：谁来模仿一下大狮子的声音？

幼儿积极表现。

2.教师继续讲述故事至"大狮子大声吼叫"。

提问：

（1）大狮子怎么了？

（2）大狮子是怎么叫的？

师：我们来模仿一下大狮子的叫声吧。

幼儿模仿大狮子的叫声。

师：大狮子的声音真响啊，它遇险了，小朋友们猜猜谁会来救它呢？

幼儿大胆讲述。

3.教师讲述故事至结束。

提问：

（1）小老鼠用了什么方法救大狮子？

（2）大狮子得救后说了什么？

（3）最后小老鼠和大狮子怎么样了？

幼儿充分回答问题，积极与教师互动。

小结：小老鼠用尖尖的牙齿咬断网绳救了大狮子，最后它们成了好朋友。

师：这个故事的名字就叫《大狮子和小老鼠》，你们喜欢这个故事吗？

4.完整播放故事视频，师幼一起欣赏，理解故事寓意。

小结：大狮子和小老鼠都有自己的本领，我们每个人也都有自己的长处，我们要善于发现别人的优点，不要小瞧别人。就像故事里的大狮子，虽然很强大，可是有时候它也需要像小老鼠这样的"小不点"的帮助呢。小老鼠能够知恩图报，大狮子也能尊重比自己弱小的小老鼠，它们都值得我们喜欢和学习。

三、经验迁移，情感升华

师：小朋友们，你们的长处是什么呢？你们是怎么用自己的长处去帮助别人的呢？

幼儿积极讲述。

小结：生活中有的小朋友会照顾弟弟妹妹，有的小朋友会帮着爷爷奶奶做家务，还有的小朋友会帮助同伴做事……

师：小朋友们，在生活中如果别人帮助了你，你会对帮助你的人说什么？（谢谢）

播放各种职业辛苦工作的视频。

提问：

（1）小朋友们，在视频里你都看到了哪些人？

（2）你觉得他们的工作怎么样？

小结：各行各业都有自己的辛苦，他们都在用自己的本领做着一些有意义的事情，都是值得我们尊敬的人。

【活动延伸】

把故事投入阅读区，鼓励幼儿进行故事创编。

【活动评析】

　　整个活动借助生动的PPT课件和幼儿喜爱的手偶道具，让幼儿在看看、猜猜、讲讲和学学中，由浅入深地理解故事内容及其蕴含的寓意。本次活动在重难点突破方面，以幼儿为主体，采用看图讲述的方式，让幼儿自主大胆猜测故事情节，学说表演故事对话，进而理解故事内容。在教学过程中，注重给予幼儿充分表达的机会，深度挖掘故事中蕴含的教育价值，各环节层层递进，帮助幼儿理解故事寓意：知道每个人都有自己的长处，要善于发现别人的优点，不要小瞧别人，理解应该平等对待每一个人。

山东省广饶县丁庄街道中心幼儿园　王洪霞

社 会

好消息，坏消息

❋ **年龄段**：中班

❋ **领域**：社会

【设计意图】

《好消息，坏消息》是一本富有教育意义的绘本，对于中班幼儿的社会认知和情感发展具有重要的价值。中班幼儿正处于认知发展的关键时期，他们开始对周围的事物和现象产生好奇和思考，但对于事物的判断往往比较单一。选择这本绘本开展活动，旨在引导幼儿学会从不同的角度看待问题，培养他们积极乐观的心态，增强应对困难和挫折的能力。

【活动目标】

1.能根据绘本画面理解故事情节，感受绘本中故事情节的跌宕起伏和幽默有趣。

2.尝试从不同的角度看问题，能大胆表达自己的想法，学会以积极乐观的心态面对困难。

【活动准备】

1.绘本《好消息，坏消息》、课件PPT。

2.下雨天、晴天图片。

3.不同底色的三组绘本图片。

【活动过程】

一、封面导入,激发兴趣

师:今天有个好消息,老师给小朋友们带来了一本新书!大家来看一下。

引导幼儿注意观察。

师:封面上有什么?

幼儿讲述。

师:这会是一个什么故事呢?

幼儿猜测。

师:这本书的名字叫《好消息,坏消息》,我们一起来阅读吧。

二、交流讨论,感受对同一件事情的不同看法

师:在阅读这本书之前,我想先问问小朋友们,什么是好消息?什么是坏消息?

幼儿积极表达自己的想法。

师:小朋友们说令人开心的事是好消息,令人不开心的事是坏消息。接下来,请小朋友们看看这些图片,你觉得图片里的事是"好消息"还是"坏消息"呢?

出示下雨天的图片,幼儿分组讨论下雨天是好消息还是坏消息。

小结:有小朋友说下雨天是坏消息,因为不方便开展户外活动,走在路上也很容易把鞋子、裤子打湿;也有小朋友说下雨天是好消息,因为下雨后的空气很清新,能呼吸到新鲜的空气,小花小草能够喝个饱,可以快快生长,下雨后有时候还能看到彩虹。

出示晴天的图片,幼儿分组讨论晴天是好消息还是坏消息。

小结：太阳的光线太强容易把皮肤晒伤，而且太热会觉得不舒服，容易中暑，这真是个坏消息！但是晴天又是一个好消息，因为晴天可以到户外、操场玩耍，晒晒太阳还可以帮助小朋友吸收钙，有助于成长。

师：原来，同一件事情，从不同的角度看就会有不同的看法。

三、阅读绘本，理解故事情节

师：那这本书里到底有怎样的好消息和坏消息呢？我们一起来看看吧。

出示绘本PPT，引导幼儿观察画面，初步了解故事内容。

师幼共读绘本，以互动问答的形式帮助幼儿理解故事内容。

提问：

（1）绘本里的主人公是谁？

（2）它们一路都遇到了什么事？

（3）为什么它们遇到的是同一件事却有不同的表现？

（4）读完这本书，你有什么看法？

小结：兔子和老鼠一起去野餐，一路上发生了很多特别的事，在老鼠眼中的"坏消息"，在兔子眼里都是"好消息"。这本书告诉我们，要用积极乐观的心态去看待问题。在我们的生活中总有一些"坏消息"和"好消息"，有时候换个角度看待问题，勇敢地面对困难，动动脑筋，也许有些"坏消息"就会变成"好消息"。

四、迁移经验，学以致用

师：老师这里准备了一些图片，请小朋友们仔细观察，图片上发生的事情是好消息还是坏消息？

幼儿仔细观察图片并思考。

师：谁愿意来说一说？

幼儿积极表现。

师：有小朋友讲到了一些坏消息，有谁有不同看法吗？

鼓励幼儿多角度看待问题，发展思维能力。

五、再次阅读故事，进一步理解主题

教师与幼儿逐页阅读绘本，帮助幼儿进一步理解故事情节，感受幽默、惊奇、诙谐等情感。

幼儿自主阅读故事，深化对主题的理解。

师：生活中既会有一些坏消息，也会有好消息。听到了坏消息，我们应该像小兔子一样，正确面对，积极地想办法解决。

【活动延伸】

在阅读区请幼儿说说自己在生活中遇到的好消息和坏消息。

【活动评析】

本次活动通过封面导入，激发幼儿的兴趣，让幼儿对故事产生好奇和期待。交流讨论环节，让幼儿结合生活经验，对常见的现象如下雨天和晴天进行判断，初步感知同一件事情可以有不同的看法，这符合《指南》中鼓励幼儿大胆表达自己想法的要求。阅读绘本时，通过观察画面、互动问答等方式，帮助幼儿深入理解故事情节，感受主人公面对不同情况的态度和情绪变化。迁移经验环节，将绘本中的道理运用到实际生活中，培养幼儿多角度思考问题的能力，体现了《纲要》中引导幼儿将所学知识与实际生活相联系的理念。最后的再次阅读和活动延伸，进一步巩固了幼儿的认知，鼓励他们在日常生活中保持积极乐观的心态。

陆军军医大学第二附属医院幼儿园　周丹

小小快递员

∗ **年龄段**：中班

∗ **领域**：社会

【设计意图】

《指南》中指出：幼儿社会领域的学习与发展过程是其社会性不断完善并奠定健全人格基础的过程。幼儿的社会性主要是在日常生活和游戏中通过观察和模仿潜移默化地发展起来的。鉴于此，我以认知快递员的工作为内容设计了本次活动，通过角色扮演和实际操作，让幼儿体验快递员的工作内容、工作流程及其背后的辛勤与不易。活动中不仅注重对职业认知的渗透，更强调情感的共鸣与价值观的培养，希望能够有效提高幼儿的社会认知，让幼儿的综合素养得到发展。

【活动目标】

1.初步了解快递员的工作内容和工作流程。

2.学习快速有效打包的技巧，知道快递员的工作不仅需要体力付出，还需要掌握一定的技能技巧。

3.在游戏中感受快递员工作的艰辛与不易，尊重快递员职业。

【活动准备】

小组操作材料、相关视频。

【活动过程】

一、快递盒导入，激发兴趣

师：小朋友们，看一看我手中这是什么？（盒子）

师：这个盒子里面装着老师网购的货品，这个盒子是一个快递包装盒哦。你们收过快递吗？或者你的家人都是怎么收快递的？

幼儿积极讲述。

师：那送快递的人是谁呢？（快递员）

师：对，快递员。那你们知道快递员需要做哪些工作吗？

幼儿积极讲述。

二、了解快递员的工作

师：我们的快递都是快递员叔叔阿姨们送到我们手上的，你们觉得快递员这份工作怎么样？

幼儿根据自己的经验积极发言。

师：有幼儿说快递员的工作比较辛苦，辛苦在哪里呢？

幼儿分组讨论并积极讲述。

播放快递员的工作视频，幼儿认真观看。

师：是不是小朋友们讨论的那样呢？让我们通过一个视频来看看快递员的一天都干些什么吧？

提问：

（1）你们从视频中看到了什么？发现了什么？

（2）快递员为什么要送那么重的快递？

（3）快递员为什么不休息？

幼儿充分交流与表达。

小结：无论是烈日炎炎的夏日，还是寒风刺骨的冬季，快递员们总是坚守在自己的工作岗位上，风雨无阻，他们通过付出劳动来获得收入，让生活更美好。

师：你们现在觉得快递员这份工作怎么样？

幼儿积极交流感受。

师：快递员工作那么辛苦，是为了让生活变得更好。快递员的工作给我们的生活带来了便利，谁能说说都有哪些便利呢？

幼儿积极发言。

师：此时此刻，你们想对快递员说些什么？

幼儿积极讲述。

小结：快递员的工作并不轻松，每个行业都值得被尊重，我们也要尊重他人的劳动成果。

三、体验大作战

师：小朋友们，你们想来体验一下快递员的工作吗？

播放快递员工作视频。

师：我们了解了快递员不仅要把货物送到我们的手上，还要会打包。今天老师为你们准备了一些物品，需要你们快速打包，这样物品在运送的过程中才不会被损坏，你们有信心完成打包任务吗？

播放音乐，幼儿根据要求完成物品的打包工作。

幼儿打包时，教师巡回观察与指导。

成果检验：你们打包完成了吗？

交流分享：你们在打包的过程中遇到了什么困难？你们打包的方法是什么？

幼儿展示自己的成果并积极分享经验。

小结：原来打包也不是一件简单的事情，尤其是有些易碎的物品在打包时要注意做好保护措施。

四、游戏：送快递

师：快递员不仅要会打包快递，还要送快递，现在我们来玩一个游戏，体验一下送快递的感受吧。

教师限时让幼儿完成送快递的任务，感受、体验快递员的不易。

师：今天我们认识和了解了快递员的工作，下次遇到快递员给我们送东西的时候，我们对他说一声"谢谢"，好吗？

活动自然结束。

【活动延伸】

在区域活动时玩打包、送快递的游戏。

【活动评析】

本次活动通过快递盒导入，激发幼儿的好奇心，进而引导他们深入了解快递员的工作细节，包括打包技巧、送货流程等，使幼儿认识到快递员的工作不仅需要体力，还需要专业技能。活动中通过观看视频、小组讨论等形式，帮助幼儿形成对快递员职业的全面认识，培养他们的同理心与尊重他人的意识。此外，通过实际操作环节，如打包快递、模拟送货等，锻炼幼儿的动手能力、解决问题的能力和团队协作能力，让幼儿在游戏中学习，在体验中成长。

本次活动设计巧妙，内容丰富，形式多样，有效激发了幼儿的学习兴趣和参与热情，培养了他们的社会认知能力和尊重他人的良好品质。游戏化的教学方式，使得整个活动氛围轻松愉快，幼儿在游戏中学习、在体验中感悟，实现了寓教于乐的目的。同时，活动延伸部分的设计，为幼儿提供了持续学习和发展的机会，有助于巩固和深化学习成果。

浙江省宁波市第一幼儿园　张蕊

传递微笑

✳ 年龄段：大班

✳ 领域：社会

【设计意图】

微笑是人与人交往时相互尊重的一种表示，也是人们传递快乐的一种情绪。为了促进幼儿之间的友好交往，我设计了本次活动，活动中以"微笑"作为着力点，充分利用多媒体等教学手段，通过观察图片、欣赏故事、谈话等形式帮助幼儿理解微笑的重要意义，学会关注周围人的微笑，了解微笑无处不在，懂得微笑能给大家带来快乐与温暖，初步感受微笑背后的爱。

【活动目标】

1. 知道微笑是生活中不可缺少的一种表情，懂得微笑能让别人快乐。

2. 学会关注周围人的微笑，能理解微笑是人与人之间的一种尊重和相互友善的态度。

3. 微笑是可以传递的，体验带给别人快乐时自己也得到快乐的感受。

【活动准备】

1. 课件图片、背景音乐。
2. 入场音乐《你笑起来真好看》、结束音乐《歌声与微笑》。
3. 短片《微笑使城市更加温暖》。
4. 镜子、卡纸、黑色记号笔。

【活动过程】

一、故事导入，激发幼儿活动兴趣

师：小朋友们，今天老师带来了一个温馨的故事，我们来听一听。

播放课件，展示故事，教师同时有感情地讲述故事，引导幼儿初步感受微笑的作用。

师：你们觉得这个故事怎么样？

幼儿讲述感受。

师：谁来说一说故事中的小动物都为朋友做了什么？

幼儿积极讲述。

师：知道了故事的大致意思，现在请小朋友们重点讨论下面几个问题。

问题1：小蜗牛因为什么很着急？它为小动物们做了什么？

问题2：小蜗牛的微笑起到了什么作用？它现在的心情是怎样的？

小结：小蜗牛用自己的微笑给大家带来了快乐，微笑是促进友好相处的方法之一。

二、交流分享，关注生活中的微笑

出示寻找最美微笑记录卡，请幼儿说一说生活中的微笑都有哪些。

幼儿积极讲述与记录。

师：小朋友们都很棒，说出了那么多生活中的微笑。

小结：微笑可以代表多种意思，有时候是一种鼓励和表扬，有时候是一种认可与欣慰，有时候又是一种礼貌，微笑可以让人感受到温暖。

师：微笑可以有这么多的含义，那么请小朋友们说一说生活中你用微笑解决过什么问题？

幼儿积极讲述。

师：微笑不仅是一种常见的表情，还可以帮助我们解决生活中的问题，它的力量真大。

三、观看视频，感受各种不同的微笑

播放短片《微笑使城市更加温暖》，感受各行各业人们的微笑。

请幼儿讨论，社会中的微笑有哪些，感受人与人之间的关爱。

幼儿分组讨论，并积极讲述。

小结：微笑无处不在，微笑不仅是人与人之间的一种尊重，还是传递美好快乐情绪的一种表情。在微笑的背后，也充满了爱的力量。

四、绘制微笑卡，传递微笑的力量

师：我们了解了微笑的力量，现在老师手里有一些卡纸，让我们来绘制微笑卡吧。

幼儿积极创作。

创作完后，注意组织幼儿交流与展示创作成果。

师：你绘制的微笑卡是什么样的呢？背后有什么故事？

幼儿积极展示与分享。

师：现在请小朋友们把你的微笑卡送给好朋友，让爱传递吧。

播放结束音乐《歌声与微笑》，活动自然结束。

【活动延伸】

让幼儿在美工区绘制更多微笑卡,送给身边的人,把快乐传递给更多的人。

【活动评析】

爱是人类永恒的主题,语言对幼儿来说,是一个比较抽象的概念,怎样让幼儿理解爱、感受爱、表达爱、传递爱是需要教师用心思考的。微笑既是友好交往的一种方式,又可以表达爱、传递爱,给人带来温暖。本次活动由故事导入,吸引幼儿的注意力,激发幼儿的兴趣。在活动的开展中通过谈话、交流、观看视频、绘制微笑卡,引导幼儿关注生活,了解微笑的含义,感受微笑可以带给人温暖与关爱,培养了幼儿心怀感恩、笑对生活的优秀品格。

山东省滨州市经济技术开发区沙河街道中心幼儿园 赵国峰

大熊的拥抱节

✳ **年龄段**：大班

✳ **领域**：社会

【设计意图】

《指南》中指出：幼儿社会领域的学习与发展过程是其社会性不断完善并奠定健全人格基础的过程。良好的社会性发展对幼儿身心健康和其他各方面的发展都具有重要影响。鉴于此，我设计了"大熊的拥抱节"活动，旨在通过本次活动，让幼儿体验朋友之间相互宽容、相互关爱、相互珍惜的情谊及温暖。在欣赏理解故事的过程中，能懂得朋友之间要给别人改正缺点和错误的机会，促进幼儿社会性的发展。

【活动目标】

1. 理解故事内容，体验大熊和小动物们之间的情感发展脉络。
2. 通过质疑、想象、口语表达等多种方法，大胆推测故事情节的发展，积极交流、主动表述。
3. 理解拥抱的含义，明白朋友之间要相互宽容、珍惜友情。

【活动准备】

物质准备：音频、动物头饰、PPT、愉快的音乐。

经验准备：知道什么是"拥抱"，有拥抱的体验。

【活动过程】

一、了解拥抱，体验拥抱的快乐

师：在活动开始之前，老师想和小朋友们拥抱一下，有谁愿意吗？

师幼友好互动，相互拥抱。

师：小朋友们都很热情，谢谢小朋友们愿意与老师拥抱。

师：现在让我们听着音乐和好朋友也一起抱一抱，好吗？

幼儿在音乐声中与同伴拥抱，感受拥抱的快乐。

师：刚刚我们感受了拥抱，那小朋友能告诉老师，拥抱是什么意思吗？

幼儿积极发言。

小结：拥抱就是与对方的友好互动，代表温暖、接纳、安慰、喜欢、宽容。

师：刚刚小朋友和好朋友拥抱，你们拥抱在一起的时候心里是什么感觉？谁愿意说一说？

幼儿积极主动发言。

小结：幼儿都喜欢和好朋友拥抱的感觉，与好朋友拥抱的感觉是温暖的、开心的、快乐的、舒服的、喜欢的。

二、运用情境，理解故事内容

师：今天是森林城的拥抱节，小朋友们想和小动物们一起过拥抱节吗？我们去看看发生了什么故事。

演示课件，播放第一段故事，幼儿注意倾听。

提问：

（1）大熊给自己定了一个什么目标？

（2）拥抱节是一个什么节日？

（3）100是什么意思？

引导幼儿一起复述故事的第一段。

师：小朋友们猜猜看，大熊的目标能完成吗？

幼儿积极发言。

师：如果你过拥抱节，你想和多少人拥抱？

幼儿积极回答并说出原因。

小结：幼儿是热情的，喜欢跟很多人拥抱。

教师播放故事的第二段。

提问：

（1）大熊早早地出了门，它遇到了哪三个小动物呢？

（2）小动物与大熊拥抱了吗？分别说了什么？

引导幼儿复述第二段的故事内容。

师：我们了解了故事内容，现在让我们来表演一下这段故事吧。

请幼儿佩戴头饰模仿大熊、小兔、小松鼠、狐狸，体会大熊的感情变化，重点表现词语"欺负"，句子"哼，才不理你呢！"。

讨论：为什么大家不愿意和大熊拥抱？

充分调动幼儿的积极性并展开讨论。

小结：原来大熊喜欢欺负小动物，小动物就不喜欢与大熊拥抱，所以拥抱是有理由的。

播放故事的第三段。

提问：

（1）最后，大熊在拥抱节的愿望实现了吗？

（2）小动物们是怎么对大熊说的？

（3）最后大熊说了什么？它怎么哭了呢？

引导幼儿复述第三段的故事内容。

师：我们了解了这段故事，现在请小朋友来模仿一下小动物们的对话。

幼儿进行对话练习。

师：小动物们最后原谅了大熊，真是有爱心啊！现在让我们完整地来听一遍故事。

教师跟着课件，声情并茂地完整讲述故事内容。

三、情感迁移，反思自己

师：因为大熊平时喜欢欺负小动物，小动物们都不愿意和他拥抱。那么小朋友们，你们有没有和朋友发生过不愉快的事情呢？你们是怎么相互原谅的呢？

幼儿积极分享。

师：与人相处的时候会出现不愉快或者做一些错事，做错了要知道及时改正，要记得给好朋友一个拥抱，大家要友好相处。

师：今天我们学习了这个故事，希望小朋友们能够珍惜自己的友情。现在让我们来跟着大熊一起过拥抱节吧。

引导幼儿大胆拥抱想要拥抱的人，这个人不一定是自己的好朋友；引导幼儿学会做一个宽容、和善的人。

【活动延伸】

原来拥抱能给人带来这么多美好的感觉，刚刚我们拥抱了同学、老师，回家后小朋友们也要拥抱一下家人。

【活动评析】

《大熊的拥抱节》故事贴近幼儿生活，以故事设计教学活动容易引起幼儿的兴趣。故事中的大熊形象鲜明，有助于幼儿产生共鸣，能够吸引幼儿的注意力并快速地投入活动中。本次活

> 动的互动环节设计了多处讨论与角色扮演内容,有效促进了幼儿之间的交流与合作,形成了良好的课堂互动。通过拥抱让幼儿亲身体验了情感表达的重要性,懂得了与他人相处要真诚、互助,学会了包容与接纳,并知道要珍惜友情。

四川省成都市第二十六幼儿园 刘佳

睡睡镇

❋ 年龄段：大班

❋ 领域：社会

【设计意图】

　　幼儿对于生命是十分好奇的，他们常常好奇自己是从哪里来的，以后会变成什么样子。《睡睡镇》是关于生命成长的绘本，能引发幼儿对万物的好奇，激发幼儿了解成长的兴趣。借助动植物睡觉前后的变化，可以让幼儿认识到万物生长的奥妙。《指南》中指出：大班幼儿能有序、连贯、清楚地讲述一件事情。鉴于此，我设计了本次活动，旨在让幼儿在活动中通过猜一猜、说一说、演一演的方式猜测并讲述绘本中的故事，感受生命成长的变化。

【活动目标】

　　1.能完整使用"×××睡觉呼呼呼，醒来后变成×××"的句式进行表达和创编。

　　2.知道睡眠对生命成长的重要性。

　　3.通过绘本故事，感受生命的神奇与多样。

【活动准备】

物质准备：《睡睡镇》绘本图片及视频、轻音乐。

经验准备：知道动植物和人类长大的过程及生长变化。

【活动过程】

一、导入悬念声音，激发幼儿兴趣

1.播放睡觉打呼的声音。

师：今天我们要去一个神奇的小镇，镇上的居民就爱干一件事情。让我们闭上眼睛，一起来听一听。（放睡觉打呼的声音）

师：你们刚才听到了什么声音呢？（呼呼呼）做什么事情会发出这样的声音呢？（睡觉）

2.创设情境，引出故事。

师：原来镇上的居民都很爱睡觉，所以这个小镇就叫睡睡镇。当睡睡镇的居民睡醒后，会发生一些奇妙的变化，变化是什么呢？我们一起来看看吧！

二、看图想象，感受句式

1.蝌蚪变青蛙。

师：这位居民是谁呢？（小蝌蚪）

师：小蝌蚪睡醒之后会发生什么变化呢？

小结：蝌蚪睡觉呼呼呼，醒来后变成青蛙啦。（点击蝌蚪，青蛙随着音效跳出）

2.毛毛虫变蝴蝶。

师：看，这又是谁啊？（毛毛虫）

师：毛毛虫在做什么呢？（睡觉）你们觉得毛毛虫睡醒后会发生什么变化？

幼儿进行猜测并发言。

师：小朋友们说得对不对呢？我们来验证一下。

小结：毛毛虫睡觉呼呼呼，醒来后变成蝴蝶啦。（点击毛毛虫，蝴蝶随着音效飞出）

3.蛋宝宝变小鸡。

师：这里有谁在睡觉呢？（蛋宝宝）

师：蛋宝宝睡醒后会变成什么？

幼儿猜测并发言。

小结：蛋宝宝睡觉呼呼呼，醒来后变成小鸡啦。（点击蛋宝宝，小鸡伴随着蛋壳破裂的声音、小鸡的叫声出现）

师：这个睡睡镇真神奇，大家睡醒后都发生了变化。

三、运用句式，创编故事

1.出示小镇图片，引导幼儿观察图片，说一说图片中出现的小镇居民睡醒前后的变化。

师：还有哪些小镇居民在睡觉？

注意引导幼儿仔细观察。

师：谁来说说醒来后，它们会发生什么变化呢？

幼儿积极讲述。

2.自由想象，进行创编。

师：睡睡镇上的居民睡醒后会发生变化，现在让我们来创编故事吧！老师先来：小羊宝宝睡觉呼呼呼，醒来后变成山羊啦。

教师积极引导幼儿发挥想象，创编有趣的故事。

四、观察图片，运用句式进行表达

1.出示大黄香蕉、竹子、向日葵图片。

师：小朋友们看一下这些图片，说一说它们是谁？然后猜一猜它们睡醒之前是什么样呢？

引导幼儿运用句式表达，如小绿香蕉睡觉呼呼呼，醒来后变成大黄香蕉啦。

2.出示宝宝一家三口的图片。

师：睡睡镇除了住着动物和植物，还住着谁？（人类）

师：请小朋友们想象一下，如果小宝宝呼呼大睡，睡醒后会变成什么样呢？

小结：宝宝睡觉呼呼呼，醒来后变成哥哥了。

师：变成哥哥后的心情是怎样的？

幼儿根据经验积极讲述。

小结：这个小镇上所有的生命在时间的魔法下都会发生变化，我们的小朋友也在慢慢长大，说明睡觉是很重要的。

五、演绎故事，感知生命的成长

教师带领幼儿跟随背景音乐有节奏地讲述故事，并配上合适的动作。比如，小蝌蚪睡觉呼呼呼（蹲在地上睡觉，模仿相应动物睡觉的动作），醒来后变成青蛙了（站起来模仿青蛙的动作和叫声）。

【活动延伸】

鼓励幼儿进一步发挥想象力，创编更多有趣的故事，还可以把有趣的故事画下来。

【活动评析】

本次活动通过有趣的故事情节，激发了幼儿的兴趣，使他们能够在轻松愉快的氛围中学习知识。由于本次活动内容贴近幼儿生活，且形式多样，孩子们在整个活动中表现出了高度的积极性和参与度，他们乐于分享自己的想法，有效促进了教学目标的达成。

四川省成都市第二十六幼儿园　刘佳

艺 术

爷爷的胡子

* 年龄段：小班
* 领域：艺术

【设计意图】

在我们班里，小茜的爷爷留着白色的山羊胡，幼儿都认得这位爷爷，每次爷爷来，大家都好奇地想上去摸一摸。于是，我问："你们为什么喜欢这位爷爷呀？"有的幼儿说："他的胡子特别好玩！"有的说："我爷爷也有白胡子！"爷爷的白胡子贴近幼儿的生活，他们对此很感兴趣。

《指南》中指出：我们要创造机会和条件，支持幼儿自发的艺术表现和创造。通过与幼儿的沟通和交流，根据小班的幼儿喜欢模仿和粘粘贴贴的特点，我设计了本次活动，让幼儿充分观察图片后用棉花为爷爷粘贴胡子。小班的幼儿喜欢摆弄新奇、易操作的材料，幼儿通过刷白乳胶为爷爷粘贴胡子，在感受粘贴乐趣的同时，发展了幼儿观察、创造和手眼协调的能力。

【活动目标】

1.通过欣赏图片，了解爷爷胡子的位置、长短的不同，尝试用棉花粘贴胡子。

2.体会为爷爷粘贴胡子的愉悦心情。

【活动准备】

经验准备：幼儿有使用刷子刷白乳胶进行粘贴活动的前期经验。

物质准备：各种白胡子爷爷图片、爷爷卡纸画、小刷子、白乳胶、棉花、盘子、小筐、毛巾。

【活动过程】

一、谈话导入，激发幼儿参与活动的兴趣

师：今天老师带来了很多爷爷的图片，我们来看看他们的嘴周围有什么？

幼儿仔细观察图片。

师：这些爷爷的嘴周围有什么？（胡子）他们的胡子一样吗？

重点引导幼儿观察图片中爷爷胡子的不同，激发幼儿的兴趣。

二、欣赏图片，发现爷爷胡子的不同特点

师：小朋友们都发现了，图片中爷爷的胡子是不一样的，那么请小朋友们仔细观察，说一说每张图片中爷爷的胡子有哪些特点？

幼儿仔细观察，积极交流。

师：你最喜欢哪个爷爷的胡子？为什么？

鼓励幼儿大胆表达。

三、幼儿创作粘贴画

1.激发兴趣。

师：你们愿意为爷爷装饰胡子吗？（愿意）

师：老师这里有很多爷爷卡纸画，如果让你们给爷爷们粘胡子，你们会怎么弄？

幼儿积极表达。

2.认识美术工具。

师：老师为你们准备了棉花、白乳胶，小朋友们动手为爷爷装饰胡子吧。

注意事项：在给爷爷粘胡子时，先用小刷子把白乳胶刷到想粘胡子的地方，再把棉花粘上去，注意要刷一点粘一点。如果白乳胶不小心滴到了桌子上或手上，就用小毛巾擦一擦。

3.幼儿创作。

鼓励幼儿大胆创作。教师巡回指导，注意帮助能力弱的幼儿，同时发现与众不同的作品。

四、展示作品，交流分享

幼儿自由和同伴交流粘贴作品，感受为爷爷粘贴胡子的快乐。

教师邀请个别幼儿介绍自己的作品，并讲一讲与爷爷的故事。

师：我们今天给爷爷粘贴了不一样的胡子，有长胡子、短胡子、八字胡、一字胡、络腮胡，晚上记得把作品送给自己的爷爷哦，爷爷一定很开心！现在请值日生收拾整理手工材料，其他小朋友和我一起带着我们的作品让别的小朋友来欣赏吧！

【活动延伸】

将本次活动的操作材料投放到美工区，鼓励幼儿创作出更多的棉花粘贴作品，如为爷爷奶奶设计并粘贴头发等。

【活动评析】

本次活动充分捕捉到了幼儿对班级中小茜爷爷白胡子的浓厚兴趣，并以此为出发点设计活动，贴近幼儿的生活实际，激发了幼儿的参与热情。活动目标设计清晰，活动材料丰富多样，既有各种白胡子爷爷的图片供幼儿欣赏，又有足够的操作材料

（棉花、白乳胶、小刷子等）供幼儿使用。在活动的展开环节，首先通过谈话导入，迅速吸引了幼儿的注意力，通过欣赏图片，引导幼儿仔细观察爷爷胡子的不同特点，鼓励他们自由表达自己的想法。其次在粘贴过程中，教师巡回指导，及时帮助幼儿解决问题，同时鼓励幼儿大胆创作。幼儿在整个活动过程中表现出了很高的参与度，很好地完成了作品，体验到了成功的喜悦，感受到了艺术创作的乐趣。最后活动不仅达到了预期的教育目标，还培养了幼儿的观察力、创造力和手眼协调能力。同时，通过粘贴胡子的活动，幼儿对爷爷的形象有了更深刻的认识，增强了幼儿的家庭观念和亲情意识。

河南省郑州市金水区新建幼儿园　邓洁

惊愕交响曲

* 年龄段：小班

* 领域：艺术

【设计意图】

《指南》中指出：音乐欣赏是幼儿园艺术教育的重要组成部分。每当幼儿听音乐的时候，他们都会感到开心、快乐。我想音乐欣赏正是培养幼儿对音乐的感知和理解能力的好机会，可以让幼儿在倾听和分辨各种声响的同时，引导他们用自己的方式表达对音色、强弱、快慢的感受。本次活动的音乐选自海顿的第94交响曲，音乐有较明显的强度与力度变化。考虑到小班幼儿的年龄特点，我结合故事、图谱帮助幼儿理解音乐，同时引导幼儿用身体动作的幅度变化表现乐曲强度、力度的变化。

【活动目标】

1. 初步引导幼儿感受音乐重音部分带来的惊愕感和神秘感。
2. 能用表情和动作表现音乐力度的变化。
3. 能愉快、积极地参加游戏活动，体验音乐活动带来的快乐。

【活动准备】

1. 物质准备：课件、小猫和小老鼠的头饰。
2. 空间准备：活动前将幼儿的位置摆成半圆形，便于幼儿进行表演。

【活动过程】

一、借助动画，初步感受乐曲的变化

播放动画，请幼儿边看动画边欣赏音乐。

师：今天，老师请来了一只可爱的小老鼠跟我们一起欣赏音乐，小朋友们要认真地看、仔细地听哦！

幼儿注意观看动画。

师：小老鼠是怎么笑的？后来怎么样了？小老鼠的表情有什么变化？

幼儿积极讲述。

再次播放动画，重点引导幼儿观察小老鼠的表情变化。

师：随着小老鼠的表情变化，音乐有什么改变？

幼儿积极讲述发现与感受。

二、感受音乐中重音带来的"惊愕"

师：小朋友们真能干，听出了音乐里不一样的声音。其实，这首曲子里还藏着一个关于猫和老鼠的故事。故事很有意思，让我们来听听猫和老鼠到底发生了什么吧！

教师跟随音乐讲述故事，引导幼儿结合故事情节感受音乐中重音带来的"惊愕"。

提问：

（1）音乐响的时候，小老鼠的脚步是怎样的？

（2）音乐轻的时候，小老鼠的脚步又是怎样的？

（3）小老鼠吓一跳的时候是什么音乐？

（4）如果是你吓了一跳，你会有什么感觉？

幼儿充分讲述与互动。

三、探索乐曲的特点，尝试用表情和动作表现音乐力度的变化

出示图谱，引导幼儿欣赏音乐。

师：小朋友们表现得真好！你们看，老师把去厨房的路都画下来了。这是什么？这些小老鼠的脚印有什么不一样？为什么？想想刚才的音乐，看看这里的脚步，哪个小朋友能发现其中的秘密？

幼儿积极发表自己的看法，同时再次欣赏音乐。

小结：小老鼠离大懒猫远时，走路重一点，脚印颜色深；当走到大懒猫身边的时候，小老鼠走路特别轻，脚印颜色浅；跳舞的时候脚步特别轻快，脚印的颜色就更浅。

师：这么多的脚印告诉我们去厨房的路，我们顺着小老鼠的脚印去找东西吃吧！大花猫伸懒腰时，我们做出害怕的动作和表情；找到食物时，我们一起拍拍肩。小朋友们要注意，一个脚印我们只能走一步。

师幼看着图谱，用不同的身体动作和表情表现音乐的节奏，并在相应处表现惊愕的表情。

四、游戏环节，体验音乐活动带来的快乐

引导小老鼠轻轻走，一下一下随着音乐节奏走，当大花猫伸懒腰时要快速蹲下不动，等大花猫睡着再走。

师：故事里的懒猫也来了，它要和我们一起玩猫和老鼠的游戏。

游戏进行2—3遍。

师：小老鼠真能干，没有吵醒大懒猫，真棒。

师：小朋友们玩得开心吗？今天我们听的这首曲子的名字叫《惊愕进行曲》，我们来完整欣赏一下吧。

师幼欣赏音乐，活动自然结束。

【活动延伸】

搜集更多同类音乐供幼儿欣赏。

【活动评析】

　　音乐欣赏是一种有意识地反复倾听音乐的活动，理解是音乐欣赏的重要基础和保障。理解不仅可以通过语言表达，而且可以通过表情、肢体动作来表现。本次活动以情境带入，让幼儿在故事氛围中去感受、理解音乐。活动中出示了与音乐相应的图谱，图谱中的符号以小老鼠的脚步代替，更能够激发幼儿观察的意愿，进而引导幼儿调动多种感官主动、充分地体验音乐。本次活动除了听觉，还借助了动作、语言、图画等多种方式，帮助幼儿体验音乐、增强感受，鼓励幼儿进行个性化的再创造，很好地达成了教学目标。

山东省济南二机床集团有限公司幼儿园　戴静

小兔跳跳

✱ **年龄段**：中班

✱ **领域**：艺术

【设计意图】

　　唱歌是幼儿熟悉并喜爱的活动，中班幼儿的思维方式以具体形象思维为主，表达与创作能力有了一定的发展和提高，喜欢通过手、口等动作以及表情进行表达与创作。小白兔是幼儿在生活中喜闻乐见的小动物，结合中班幼儿的年龄特点，我选取了《小兔跳跳》这首歌设计了本次活动，歌词生动地描述了小白兔走路的姿态以及外形特征，音乐节奏简单明快，易于幼儿学习，曲调音调较窄适合幼儿学唱。

【活动目标】

1. 借助图谱，初步理解歌词内容，能用自然的声音演唱歌曲。
2. 能够准确地唱出歌曲中"我是""我有"及相对的半音。
3. 体验小白兔活泼好动的特点，感受歌曲的趣味性。

【活动准备】

　　经验准备：幼儿对小兔子有一定的了解，并有看图谱学唱歌曲的经验。

物质准备：简谱、图谱、小白兔头饰。

《小兔跳跳》简谱

1 = D 2 / 4

|5　5|5 3 4|5 6 5 3|5 — —|

跳　跳　跳 我是　一只 小白　兔

|4　4|4 3 4|5 4 3 2|3 — —|

跳　跳　跳 我有　两只 长耳　朵

|5　5|5 3 4|5 6 5 3|5 — —|

跳　跳　跳 我是　一只 小白　兔

|4　4|4 3 4|5 4 3 2|1 — —||

跳　跳　跳 我有　一个 短尾　巴

《小兔跳跳》图谱

【活动过程】

一、创设"动物晚会"情境，引出主题

1. 在歌曲《小兔跳跳》的伴奏下，幼儿自由做小动物动作入场，初步感知歌曲旋律。

师：森林里的小动物要开一场晚会，现在让我们一边听音乐一边学着小动物的样子出发吧!

幼儿自由做小动物动作,跟着音乐进场,逐一找到位置坐下。

2.发声练习,为学唱歌曲做铺垫。

师:晚会马上就要开始了,先让我们用好听的声音演唱一首《我爱我的小动物》,把小动物们请出来吧。

教师清唱歌曲前半句,幼儿学着相对应动物的叫声接唱歌曲。

二、出示图谱,了解歌曲内容

1.教师范唱歌曲,幼儿仔细倾听。

2.幼儿跟唱歌曲,初步了解歌词内容。

3.教师根据幼儿唱出的内容,依次贴出图谱,帮助幼儿理解歌曲内容。

师:谁来说一说歌曲讲了什么?

幼儿积极发言。

教师将幼儿听到的歌曲内容,以图谱的形式贴出来,幼儿借助图谱进一步理解歌词。

三、学唱歌曲,借助图谱理解、记忆歌词

1.引导幼儿尝试看图谱学说歌词,理解、记忆歌词。

师:现在老师把你们听到的歌词用图谱贴出来了,让我们一边看图谱一边说歌词。

幼儿看图谱说歌词,对歌词进行梳理,初步理解、记忆歌词。

2.尝试完整演唱歌曲。

师:让我们一边看图谱,一边跟着音乐,用好听的声音试着唱一唱这首歌吧。

引导幼儿看图谱听音乐,轻声尝试演唱歌曲。

3.看图谱逐句练习,准确唱出歌词。

师:在唱的时候,你觉得哪个地方唱得不太好?

幼儿积极发言。

4.幼儿听音乐逐句演唱，反复练习。

5.用自然好听的声音，完整演唱歌曲。

师：经过反复练习，现在让我们完整地唱一遍这首歌吧。

幼儿完整地演唱歌曲。

6.逐一摘下图谱，幼儿根据记忆演唱歌曲。

师：小白兔想和你们捉迷藏，它把自己藏起来，你们还会唱吗？

教师逐一摘下图谱，幼儿通过演唱歌曲逐步记忆歌词。

四、根据歌曲内容，创编动作

师：你们愿意为我们这首歌加上好看的动作吗？

幼儿自由创编动作。

教师邀请个别幼儿来展示。

师：你们真棒，现在让我们戴上小白兔头饰来表演一下吧。

幼儿集体表演，活动自然结束。

【活动延伸】

创编歌曲内容，鼓励幼儿在表演区进行丰富的角色扮演活动。

【活动评析】

《指南》中指出：要尊重幼儿的兴趣和独特感受，尊重幼儿自发的表现和创造。本次活动基于幼儿的年龄特点，创设了生动有趣的情境，能激发幼儿参与活动的积极性。幼儿在入场环节能自由表现小动物动作，积极参与发声练习。在学唱过程中，大部分幼儿能借助图谱理解歌词并用自然声音演唱，很好地达成了教学目标。

河南省郑州市金水区新建幼儿园　曹珍

小老鼠和胖厨师

* 年龄段：中班

* 领域：艺术

【设计意图】

打击乐器演奏教学不仅能够帮助幼儿初步掌握演奏的一般知识和技能，而且能够发展幼儿的节奏感，培养幼儿的合作能力。中班幼儿对打击乐器中的沙锤表现出了极大的兴趣，以此为契机，我设计了本次教学活动，通过引导幼儿使用打击乐器进行演奏，提高孩子们对音乐的兴趣，增强其对节奏感的感知力。

【活动目标】

1. 体验控制游戏的快乐。

2. 分清音乐的旋律及结构，感知A段音乐和B段音乐在速度和力度上的变化。

3. 尝试随着音乐用身体模仿小老鼠和胖厨师的动作。

【活动准备】

物质准备：音乐、自制乐器、饮料瓶、积木、三角铁、小老鼠和胖厨师手偶。

经验准备：幼儿有一定的打击乐基础。

【活动过程】

一、故事导入

师：今天，我们班来了小老鼠和胖厨师，他们要给我们表演故事，我们来看看会是什么故事吧。

教师藏在柜子后面，出示小老鼠手偶和胖厨师手偶进行情景表演。

幼儿认真观看。

师：小老鼠和胖厨师给我们表演了一个什么故事呢？

幼儿积极讲述。

小结：通过故事导入，很好地激发了幼儿的活动热情。

二、感知节奏

师：老师播放音乐，小朋友们根据不同节奏拍击身体，表现小老鼠和胖厨师的动作。

教师播放小老鼠和胖厨师活动时的音乐，请幼儿拍击身体进行表达。

师：小朋友们真棒，谁愿意来示范一下？

幼儿积极表现，教师邀请幼儿进行展示。

师：小朋友们表现得真不错，接下来我要快速切换节奏了，看谁的反应快。

师幼进行默契练习。

师：小朋友们的反应能力很强，现在让我们来快乐地游戏吧。

教师播放音乐，跟随音乐变换节奏，幼儿跟随节奏的变化，切换拍击身体的速度和力度来表现小老鼠和胖厨师的动作。

师：小朋友们玩得开心吗？现在让我们改变一下玩法，两个人合作会怎么样呢?

幼儿两两合作游戏,进一步感知节奏的变化。

三、乐器演奏

师:刚才小朋友们通过拍击身体来表现小老鼠和胖厨师的动作,现在让我们用乐器来试一试吧。

出示乐器(小沙瓶、积木)。

师:要选择哪种乐器来表现小老鼠的动作呢?为什么呢?

幼儿积极讲述。

小结:小老鼠的身体小小的,动作灵活、轻快,要选择小沙瓶。

师:表现胖厨师的动作活动,为什么要选择积木呢?

幼儿积极讲述。

小结:胖厨师胖胖的,动作沉重缓慢,适合通过敲击积木来表现。

师:现在让我们来试一试吧。

幼儿自由选择乐器。

播放小老鼠活动时的音乐,请选择小沙瓶的幼儿跟着音乐敲击。

播放胖厨师活动时的音乐,请选择积木的幼儿跟着音乐有节奏地敲击。

师:小朋友们的乐器选得很好,现在请你们跟着音乐来演奏吧。

播放完整的音乐,幼儿合作演奏乐器。

播放完音乐,请幼儿交换乐器再次表演。

四、创编故事

师:刚才我们用乐器表现了小老鼠和胖厨师的动作,你们还想和它们一起做游戏吗?

引导幼儿模仿小老鼠和胖厨师的动作。

师:真不错,如果让你们给小老鼠和胖厨师创编故事,你们会编一个什么样的故事呢？

幼儿积极创编故事。

【活动延伸】

在表演区投放更多打击乐器，让幼儿探究更多好玩的节奏表现方式。

【活动评析】

教师在导入故事的时候，利用手偶情景剧增加了活动的神秘感，不但吸引了幼儿的注意力，而且激发了幼儿的兴趣，使孩子们能够积极主动地参与到活动中来。活动中首先让幼儿用双手拍击身体感知节奏，然后加入自制乐器小沙瓶和积木增加幼儿的节奏感。当幼儿对节奏有了一定的感知后，通过分组演奏和交换乐器演奏巩固了幼儿对节奏的理解与掌握。

《纲要》中艺术领域指出：提供自由表现的机会，鼓励幼儿用不同艺术形式大胆表达自己的情感、理解和想象，尊重幼儿的想法和创造。在活动的最后，我们组织幼儿自由表现小老鼠和胖厨师的动作并进行故事创编，让幼儿感到非常有趣，始终乐在其中。

湖北省赤壁市中伙铺镇中心幼儿园　袁圆

有趣的滴蜡画

* **年龄段**：中班

* **领域**：艺术

【设计意图】

《纲要》中指出：美术活动要避免仅仅重视表现技能，而忽视幼儿在活动过程中的情感体验和态度的倾向。蜡烛在生活中不仅可以照明，还经常在生日时使用，每次生日点燃蜡烛的时候，蜡烛产生的火焰总会引起幼儿浓厚的兴趣。于是我抓住幼儿的这个兴奋点，利用蜡油的流动性设计了本次活动，让幼儿在活动中自由地进行美的创作。

【活动目标】

1.初步了解滴蜡画的特点，尝试运用蜡油在各种材质的材料上进行美术创作。

2.感受美术与生活的紧密联系，体验获得成功的愉悦。

【活动准备】

经验准备：活动前了解蜡烛与生活的紧密联系。

物质准备：课件、蜡烛、作画纸、小勺、滴管、废旧材料（树枝、画框、各种纸盒、瓦片、石头等）。

【活动过程】

一、点明活动主题

师：小朋友们，看老师手里拿的是什么？（蜡烛）

师：你们在哪里见过蜡烛呢？

幼儿根据已知经验进行讲述。

师：谁知道蜡烛的作用？谁愿意来说一说？

幼儿积极表现，教师邀请个别幼儿发言。

师：小朋友们在过生日的时候都见过蜡烛，它既可以照明又可以给生日带来仪式感。那么除了这些作用还有哪些？我们来看一个视频吧。

播放课件，幼儿注意观察，拓展幼儿关于蜡烛的相关经验。

二、欣赏滴蜡画

师：刚刚视频里讲到了蜡油的作用，今天，老师带来了用蜡油创作的几张滴蜡画，小朋友们注意观察哦。

引导幼儿观察欣赏滴蜡画。

师：你们喜欢这些画吗？为什么？

幼儿积极讲述。

师：这些画和我们平时的画有什么不一样？

幼儿思考并讲述。

三、感受滴蜡画

师：小朋友们可以摸一摸这些画，感受一下。

幼儿触摸滴蜡画，感受滴蜡画的特点。

小结：滴蜡画摸起来有凸出来的立体感，很光滑。

四、示范滴蜡画

教师介绍作画工具及材料。

师：小朋友们，这些是滴蜡画需要用到的材料，有各色蜡油、小勺或滴管、画纸。

师：要怎么制作滴蜡画呢？老师先来示范一下，小朋友们要仔细观察哦。

方法1：点状滴

师：你们可以任意选择滴管或小勺来作画，点状滴的效果需要的蜡不多，只要一小勺或一小管的蜡油就够了。

方法2：曲线直线滴

师：曲线直线滴最好选择小勺，需要多一些的蜡油，缓缓倾斜装满蜡油的小勺，让蜡油像细线一样滴下来，在纸上可以呈现出直线或曲线。

方法3：流动喷射滴

师：可以任意选择滴管或小勺，在画纸上滴上大大的一点后，立即晃动画纸，让蜡油在纸上流动起来，或者立即用力吹，使其呈现出喷射状。

五、创作滴蜡画

师：了解了滴蜡画的创作方法，小朋友们来尝试一下吧。

幼儿自由创作，教师巡回观察。

教师提供丰富的材料：树枝、瓦片、石头等，让幼儿再次创作。幼儿在创作的过程中感受到美术来源于生活，并能够表现生活。

作品分享：谁来讲一讲自己是怎么创作的？

交流分享后，教师把幼儿的作品布置成一个展示台，幼儿互相欣赏与学习，享受成功的快乐。

【活动延伸】

在美工区准备好作画材料，让幼儿自由创作滴蜡画。

【活动评析】

　　淡化知识技能的传授，凸显幼儿在作画过程中的创造与表达将成为幼儿园美术教育的趋向。由此，我们改变以往的教学模式，尝试一种体现美术本位价值的教育。本次活动就是在这一指导思想下设计的。整个活动用"自然形成与发展"来理解幼儿的创作行为与表现，使幼儿在无压力的心境中自由、大胆地创作，而蜡油流动的随意性及呈现出来的抽象效果，创意地放大了蜡烛的流动性与自由成型的特点，让幼儿体验到了创作的愉悦与有趣，教学效果良好。

浙江省宁波市第一幼儿园　张佳

艺 术

秋天的树林

∗ 年龄段：中班

∗ 领域：艺术

【设计意图】

《纲要》中提出：幼儿美术教育的价值在于激活兴趣。中班的美术教学以培养幼儿的创意和创造想象为主。《指南》中指出：和幼儿一起感受、发现和欣赏自然环境中美的事物。拓印是幼儿园常见的艺术表现形式，不仅操作方式简单有趣、操作材料灵活多变，而且拓印出的作品也灵动自然，深受幼儿喜爱。美术教育就是以有趣、新奇、美的事物，启发和引导幼儿感知其特征；通过形象思维，手脑并用，大胆构思创作。秋天的树林是多姿多彩的，基于幼儿的需求，我设计了本次活动。在材料提供上，我选用了幼儿喜欢的水粉颜料，它具有色彩厚重、鲜艳的特点，非常适合表现秋天树林的特征，可以让幼儿在作画的过程中体验美术创作的乐趣，同时又能增强幼儿对美的感受。

【活动目标】

1.感受、发现、欣赏秋天树林的美，体验艺术创作的乐趣，萌发爱护树木、保护环境的情感。

2.通过欣赏图片，提高幼儿观察的细致性及敏感性，尝试用不同的颜色来表现秋天树林的色彩变化。

3.尝试用多种工具、材料及拖长、按压、轻点等点拓方法为秋天的树林创作一幅拓印画，让幼儿的动手能力、创造力在创作的过程中得到锻炼。

【活动准备】

经验准备：幼儿有观察秋天树林、树叶颜色变化的体验，有初步使用颜料拓印点画的经验。

物质准备：秋天树林的PPT课件、音乐、画纸、布团、网袋、气泡纸、海绵球、颜料等。

【活动过程】

一、情境导入，激发兴趣

师：我们散步的时候发现了许多秋天的小秘密，小鸟邀请我们一起到它居住的树林去看看！让我们现在就出发吧！

播放课件，引导幼儿欣赏秋天的树林，感受秋天树林色彩的绚丽。

师：树林到了，让我们跟随小鸟一起欣赏秋天的树林吧！

提问：秋天的树林是什么样子的？

幼儿积极讲述。

小结：原来，秋天的树林是彩色的，有红色、黄色、绿色……五颜六色的，就像是一幅美丽的画卷。

师：秋天的树林除了色彩绚丽，还有许多小秘密呢，下面我们一起来看一看。

出示各种树的图片，引导幼儿观察树干、树枝的外形结构。

师：这些树长得一样吗？哪里不一样？

幼儿积极讲述。

小结：小朋友们发现了这么多秋天树林的小秘密，知道树叶颜色是五彩缤纷的，树干是形态各异的，秋天的树林可真漂亮！

二、积极创作，学习拓印技能

师：小朋友们喜欢秋天的树林吗？小鸟想请小朋友们把秋天的树林画下来，小朋友们能帮它完成这个心愿吗？

师：快看，小鸟给我们准备了作画工具：小布团、海绵棒、气泡纸……还有许多漂亮的颜料。请小朋友们想一想，怎样用它们在画纸上拓印出大树干呢？

幼儿思考并讲述。

师：小布团，手中拿，放到盘中点一点，大树长得什么样？我们可以用"拖长法"，由下往上拖出一个大树干。现在就让我们用"拖长法"来拖出树干和树枝吧。

幼儿积极操作。

师：树干树枝画好了，还差什么呢？怎样拓印出大树叶和小树叶呢？

示范：拓印树叶时，小布团按按，变出树叶片片；小布团点点，点出一片小树叶，有红枫叶、黄树叶，层层叠叠真好看。彩色的大树就这样出现了。小鸟还给我们准备了许多废旧材料，请小朋友们开动脑筋，用这些废旧材料拓印出不一样的树叶吧。

幼儿积极探索，教师引导幼儿先用"拖长法"拓印出粗细不一的树干和树枝，然后用按压和轻点的方法拓印出多彩的树叶。

幼儿作画，教师巡回指导，重点观察指导幼儿蘸色、拓印的方法，鼓励幼儿大胆用不同方法表现秋天树林的色彩变化。

作画结束，引导幼儿收拾材料，用完的工具放回原来的位置，保持画面、桌面及自身的清洁。

三、作品欣赏，情感提升

师：小朋友们的作品完成了，请互相展示一下吧！

幼儿自由欣赏，相互交流。

师幼共同欣赏，启发幼儿从情感、色彩搭配、构图、创意等方面进行总结提升，进一步感受秋天树林的美。

师：小朋友们太棒了，帮助小鸟完成了心愿。我们要热爱生活，爱护树木，保护环境，留下更多的美好。

【活动延伸】

在美工区投放不同的拓印材料，丰富幼儿的表现形式。

【活动评析】

本次活动采用情景贯穿，先通过冲击力强的秋景图引发幼儿对秋天绚丽色彩的感知，再通过出示形态各异的大树图片引导幼儿观察树干树枝的造型，促使幼儿思考并自主探索用布团等材料进行拓印的方法。幼儿在探索中发现问题、梳理经验，自由创作，最后和同伴分享自己的作品，体验拓印的快乐。教师作为活动的支持者、合作者、引导者，在活动中力求形成"合作式探究"的师幼互动，始终以伙伴的身份，用自己的情绪、表情、语言和眼神启发幼儿的创作意识，让幼儿在积极主动的活动氛围中创作，很好地达成了本次活动的教学目标。

山东省滨州市滨城区第八实验幼儿园 程密密

有趣的线条画

✽ **年龄段**：大班

✽ **领域**：艺术

【设计意图】

生活中随处可见的一根普通的线条，也是幼儿熟知的绘画元素。随意勾画的线条可以变化出各种奇妙的事物，这激发了幼儿强烈的创作欲望。《指南》中建议：提供丰富的便于幼儿取放的材料、工具或物品，支持幼儿进行自主绘画、手工等艺术活动。这和对大班幼儿艺术发展的目标要求一致。大班的幼儿能够运用多种材料或者表现手法来表达自己的感受，但对于画面的创作和想象还有一定的局限性。本次活动中，幼儿对线条进行大胆想象和描述，通过随意画出一根线条并添画几笔的方式创作画面，丰富了幼儿的想象力和创造力。

【活动目标】

1. 感受音乐节奏快慢的变化，尝试用连续不断的线条构成画面。
2. 能够对旅行中的线条进行大胆想象和描述，通过想象进行添画、装饰。
3. 体验、交流创作线条画的乐趣。

【活动准备】

纸、笔、线条画范本。

【活动过程】

一、示范线条画，引发幼儿兴趣

师：小朋友们，今天老师带来了一幅画，我们一起来看看吧。

通过观察画面，吸引幼儿注意力。

师：这幅画是怎么画出来的呢？

幼儿猜想并讲述。

师：这是老师的画，小朋友们刚刚说出了自己的想法，那么接下来请你们看一看老师到底是怎么画出来的吧。

教师示范绘画过程，提醒幼儿仔细观察，尤其注意笔是否离开了纸。

师：小朋友们，你们发现什么了吗？

鼓励幼儿说一说。

师：小朋友们观察得很仔细，在刚才画画的过程中，老师的笔跟着音乐在纸上移动，就像跳舞一样。一笔画出了连续不断的线条，这种方法叫一笔画。

二、体验感受，探索线条旅行

师：线条宝宝们悄悄告诉老师，它们想出去旅行。你们猜猜它们会去哪里呢？

幼儿发挥想象，大胆讲述。

师：接下来就请小朋友们用食指代替笔，带着线条宝宝们随着音乐一起去旅行吧。

小提示：当音乐开始的时候，我们的线条宝宝就要出发了，音乐结束时，我们的线条宝宝就要立刻停止。记住哦，我们要带一根连续不断的线条去旅行。听清楚要求了吗？让我们伸出食指，带着线条宝宝一起去旅行吧！

幼儿充分发挥想象力，以食指代笔，模拟线条旅行，体验奇妙的感受。

音乐停止，线条宝宝旅行结束。

师：谁愿意描述一下刚才的感受？

幼儿积极表现与发言。

师：在旅行的过程中，该怎么表现音乐的快和慢呢？

小结：音乐快的时候画的速度可以快一些；音乐慢的时候画的速度可以慢一些，力度可以轻柔一些。

三、创作线条画

师：刚刚我们尝试了徒手画，接下来请小朋友们在画板上带着线条宝宝去旅行吧！

幼儿自由创作线条画。

师：谁愿意说说在画板上画线条画跟上一环节的徒手线条旅行有什么不一样？

幼儿自由讲述。

师：小朋友们讲得真好，现在让我们再次尝试创作线条画吧！小线条可以走到纸的任何角落哦。

幼儿再次创作线条画，教师巡回指导。

交流分享：谁来说说你们的线条宝宝都去哪里旅行啦？旅行的过程中遇到了谁？发生了什么事情？

幼儿积极讲述自己的作品。

四、添画作品

师：小朋友们，请你们跟着音乐进行添画吧，让老师看看线条在你们手中会去哪里旅行。

幼儿分组进行添画。

师：请各组派一人来讲讲你们的作品，说一说线条宝宝的旅行故事吧。

各组积极分享。

师：小朋友们的想象力真丰富，线条宝宝在旅行的过程中交到了这么多的好朋友，也发生了很多有趣的故事，好棒啊！

【活动延伸】

教师将幼儿的作品装订成册并放入区角，投放一些有关线条的绘本，供幼儿学习，促进幼儿的再创作。

【活动评析】

　　本次活动结合幼儿的年龄特点和已有经验，制定了适宜的活动目标。以目标为导向，为幼儿创设了一个宽松、自由的学习环境，鼓励幼儿自由表达想法，激发幼儿创作的愿望，充分体验线条画的乐趣。本次活动的选材也很贴近幼儿生活，因为幼儿对线条有一定的认知经验，以线条画为主题较容易激发幼儿的兴趣。幼儿在特定的情境下伴随音乐节奏，用简单的线条和图形创作线条画的活动，寓教于乐，符合幼儿好奇、求知欲强的特点，本次活动教学目标圆满达成。

江苏省淮安生态文化旅游区滨河幼儿园　王嘉昕

柳树水墨画

* 年龄段：大班

* 领域：艺术

【设计意图】

　　水墨画是中华民族独具特色的绘画艺术，它的笔墨千变万化，意蕴深远，我们要把中华优秀传统文化贯穿教育始终，使其在幼儿心中生根发芽。《指南》中指出：要充分创造条件和机会萌发幼儿对美的感受和体验，能用自己的方式去表现和创造美。因此，我设计了本次活动，为幼儿提供和中国水墨画亲密接触的机会，让幼儿自主尝试、探索水墨画的绘画技法，在轻松愉快的氛围中掌握水墨画的基本绘画方法，感受中国传统绘画的魅力。

【活动目标】

1. 感知水墨的色彩，喜欢水墨画。
2. 观察柳树的特点，了解用毛笔画出中锋和侧锋的方法。
3. 尝试运用中锋、侧锋以及浓墨、淡墨来表现柳树。

【活动准备】

1. "柳树"组图、"柳树水墨画"图片、水墨画步骤图、音乐。

2.毛笔、生宣纸、调色盘、墨汁、清水、作品展示架。

【活动过程】

一、活动导入

1.欣赏古诗《咏柳》，引出主题。

师：小朋友们听过《咏柳》这首诗吗？这首诗写的是哪一种树木呢？（柳树）

2.出示组图"柳树"，引导幼儿观察柳树的特点。

师：这是柳树，请小朋友们来观察一下它的特征。

幼儿仔细观察。

师：柳树的树干、柳枝、柳叶看起来是什么样的？

幼儿积极发言。

小结：柳树的树干又长又直；柳枝细细软软地向下垂着，可以随风摆动；柳枝上长满了长长尖尖的柳叶。

二、活动展开

出示组图"柳树水墨画"课件，引导幼儿感知水墨画的色彩特点，欣赏并观察柳树水墨画。

师：这幅画和我们平常看到的画有什么不一样？

幼儿交流想法。

师：你们知道它是用什么画的吗？

幼儿猜想并大胆发言。

小结：我们平时看到的画上有很多种颜色，可这幅画只有黑灰色。上面的黑色和灰色是用墨汁和水画出来的，用这种方式画出来的画叫作水墨画。画家用毛笔蘸取用水调和好的墨汁，在纸上画出美丽的柳树。

三、感知水墨画中浓墨、淡墨以及侧锋、中锋的画法

1.出示组图"画柳树——墨色",讨论浓墨与淡墨的调和方法并请个别幼儿演示。

师:仔细看画上的树枝、树叶,它们的颜色有什么不同?

幼儿观察并交流。

师:怎么用清水和墨汁表现出深浅不同的颜色呢?谁来试一试?

请幼儿上台演示浓墨、淡墨的画法。

小结:直接用毛笔蘸取墨汁可以得到浓浓的黑色墨水;想要调出淡淡的灰色墨水,就要让毛笔吸多多的水后再蘸取一点点墨汁。

2.出示组图"画柳树——笔锋",讨论用毛笔画出侧锋和中锋的方法并示范。

师:小朋友们观察水墨柳树的树干、树枝和树叶,它们的形状有什么不一样呢?

幼儿观察并发言,重点发现形状有粗有细的区别。

师:怎样用毛笔画出粗粗的树干和细细的树枝呢?

幼儿讨论。

小结:树干比较粗,用侧锋画法,要把毛笔躺下横着贴在纸上,才能画出粗粗的树干;而树枝和树叶比较细,用中锋画法,要把笔尖立起来才能画出细细的树枝和树叶。

四、学习用水墨画技法画柳树

1.出示组图"水墨画步骤图",了解用毛笔画柳树的方法。

师:小朋友们知道了怎么用墨汁和水调出黑色和灰色。那么,怎样用毛笔画出不一样粗细的线条呢?现在我们来当小画家,画一画柳树吧。

教师讲述画法:

① 先让毛笔躺下横在纸上,用毛笔侧边蘸浓浓的墨水,用侧锋画柳树的树干。

②把毛笔竖起来，用最尖的地方蘸淡淡的墨水，用中锋画出柳树的枝干。

③最后用毛笔最尖的地方蘸绿色的墨水，点画出柳叶。

师：画之前，先让我们观看视频学习怎么使用毛笔。

幼儿观看视频后，分组练习使用毛笔。

2.幼儿创作：幼儿运用中锋、侧锋以及浓墨、淡墨画柳树，教师巡回指导。

建议：在幼儿创作的过程中，教师可鼓励幼儿画出不同姿态的柳树，注意提醒幼儿将墨汁与清水固定放于桌面中间，避免不小心碰洒。

3.幼儿展示、分享自己的作品。

师：谁愿意给大家介绍一下自己的作品？

幼儿积极分享并讲述。

师：小朋友们，今天你们用水墨表现出的柳树真棒！其实我们中国的水墨画素材有很多，花、鸟、山、水都可以用水墨来表现哦。

【活动延伸】

在美工区投放水墨画材料和花草图片，鼓励幼儿创作其他水墨画作品。

【活动评析】

水墨画一向被誉为绘画中的诗词。本次活动以古诗配乐导入，让幼儿边欣赏优美的古诗边观察柳树的特点，激发孩子们参与活动的兴趣。在活动展开部分，运用了直观教学法、讨论交流法、操作实践法等，鼓励幼儿勇于试错，大胆创新，为下一步用水墨画技法创作柳树做好铺垫。

本次活动的难点是掌握用毛笔中锋、侧锋画水墨画的技法，以及怎样用浓墨、淡墨表现柳树。活动以猜想、尝试、验证的方式逐步推进，让幼儿自主探索如何调配墨水的浓淡和笔锋的运用，独立创作，逐渐掌握绘制水墨画的要领，体验水墨画技法的奥秘。

本次水墨画教学活动不仅弘扬了传统文化，而且提高了幼儿的审美能力，同时培养了孩子们发现自然之美的情怀。在作品展示环节，幼儿创作的柳树姿态万千，每一棵的枝条都随风起舞，独一无二，这正是水墨画作品的生命力和艺术魅力所在。

山东省济南市槐荫区青少年宫第一幼儿园　李玲

箔纸兰花

✱ **年龄段**：大班

✱ **领域**：艺术

【设计意图】

烧箔技艺是中国金属工艺中的一颗瑰宝，是国家级非物质文化遗产。《指南》中指出：创造条件让幼儿接触多种艺术形式和作品，带幼儿观看或共同参与传统民间艺术和地方民俗文化活动，创造条件和机会，支持幼儿自发的艺术表现和创造。基于此，我设计了本次活动，让幼儿以箔为墨，体验铄金流光的非遗之旅。

【活动目标】

1. 欣赏张大千的《兰花》图，感受兰花柔韧的叶片与清丽的花朵的外形特征，初步探索用烧箔画的方式创作兰花图。

2. 通过交流讨论，探索用彩胶勾画、烧箔纸覆贴、刷子轻扫等方法创作兰花图。

3. 感受创作烧箔画的有趣与神奇，体验手工创作活动的成就感。

【活动准备】

1. 物质准备：烧箔纸若干、刷子、镊子、彩胶、底板、《兰花》

图、PPT、背景音乐。

2.经验准备：幼儿熟练使用镊子、刷子。

【活动过程】

一、欣赏张大千名画《兰花》图

师：今天老师带来了一幅画，想和小朋友们一起欣赏。

师幼一起欣赏名画《兰花》图。

师：你们在这幅画上看到了什么？（兰花）

师：你们觉得兰花的叶子是什么样子的？有没有发现不一样的叶子？

幼儿积极讲述。

师：这幅画里的兰花花瓣是什么样子的？有几片花瓣？

幼儿积极讲述。

师：欣赏完这幅画，你们有什么感受？

幼儿积极讲述。

小结：这幅画是我们国家有名的大画家张大千的名画《兰花》图，兰花由花瓣、花茎和花叶组成。有5到6片像水滴形的花瓣，有细细长长的花茎，还有尖尖的叶子，有的叶子细细长长的，有的叶子细细短短的，有的还会弯曲向四周延伸，有的叶片还会交错在一起，看起来清新淡雅。

二、观察烧箔画《兰花》

引导幼儿观察烧箔画《兰花》，了解烧箔画色彩的丰富与绚丽，感知烧箔作品的色彩之美。

师：瞧，这幅画中的兰花和画家张大千画的兰花有什么不同？给你什么感受？

幼儿积极讲述。

小结：这幅《兰花》图的颜色丰富，叶子有绿色、紫色、蓝色；花瓣是金色的，看上去亮亮的，很漂亮。

三、创作烧箔画

师：这幅画色彩丰富，小朋友们猜一猜它是怎么做出来的？

引导幼儿观察细节，鼓励幼儿积极讨论。

小结：这幅《兰花》图是烧箔画作品，烧箔是非物质文化遗产之一，通过高温熨烫（或者烧烫）箔纸使颜色产生变化，从原来的金色变成各种各样的颜色，熨烫的时间越长颜色越深。

师：老师准备了一些彩胶、烧箔纸、镊子还有刷子，我们一起来创作烧箔画吧。

出示材料，师幼共同探索操作方法。

幼儿自由创作，教师巡回观察。

师：刚刚小朋友们有了第一次的经验，现在让我们来具体看看创作方法吧，看看跟你们刚才创作的有什么不一样。

创作方法：先用彩胶勾画出自己喜欢的兰花叶片的外形和兰花的花茎、花瓣；再用镊子紧紧夹住金色箔纸覆盖在花瓣上；再将大的彩色的烧箔纸覆盖在花茎和叶片上，轻轻按压保护膜默念10秒揭开；最后用白色刷子轻轻扫掉多余的烧箔纸，一幅漂亮的烧箔画《兰花》图就创作好啦。

了解了创作方法后，鼓励幼儿大胆创作，教师巡回指导。

四、展示作品，欣赏交流

师：小朋友们创作好了作品，快来分享一下吧。

幼儿积极表现，相互学习与欣赏。

师：小朋友们真棒，有的小朋友创作的烧箔画《兰花》图画面整洁又漂亮，还有的小朋友创作的兰花叶片向四周伸展，很柔美。

【活动延伸】

今天我们用神奇的箔纸创作了漂亮的兰花，我们还可以用其他材料创作漂亮的兰花，比如衍纸兰花、超轻黏土兰花、扭扭棒兰花，都很漂亮呢！小朋友们在区域活动的时候可以在美工区做一做哦。

【活动评析】

《指南》艺术领域教育建议提出：引导幼儿用自己的语言、动作描述物体美的方面，如颜色、形状、形态等。在本次活动中，我们通过欣赏画家张大千的名画，引导幼儿感知线条的优美、雅致，通过点、线、面带来动感效果，体验空间感。通过引导幼儿把看见的、知道的、听过的，通过线条表现在画面上，更好地为画面布局、构图，让幼儿从中发现乐趣，激发创作热情。整个活动下来，幼儿积极主动，愿意动脑并乐意表达自己的想法，活动开展顺利，目标圆满达成。

江苏省南京市五所村幼儿园 葛小雪

柿子丰收舞

* 年龄段：大班

* 领域：艺术

【设计意图】

　　幼儿园里有一棵即将成熟的柿子树，大班幼儿对幼儿园里的柿子树产生了浓厚的兴趣，同时引发了讨论"柿子熟了吗？""什么时候可以摘柿子吃？"等话题。一个星期后，幼儿发现绿绿的柿子开始变红了，一时成为班级晨谈热点。于是，我们利用柿子大调查和柿子观察日记展开了对柿子的探索，并衍生出了柿子丰收节的主题活动。探索过程中，幼儿经历了自主调查、实地考察、探索思考、体验实践环节。在准备柿子丰收节期间，幼儿期望跳一支丰收舞来庆贺丰收。基于幼儿的需求，我们设计了本次教学活动。

【活动目标】

1.熟悉音乐旋律和节奏，能与同伴合作跳双圈柿子丰收舞。
2.认识反复记号，知道反复记号的作用。
3.体验与同伴合作跳丰收舞的快乐。

【活动准备】

物质准备：音乐、节奏图谱、柿子丰收舞舞蹈动作图谱、课件PPT。

经验准备：有采摘柿子的经验。

【活动过程】

一、观看摘柿子图片

1. 谈话引入，链接摘柿子的经验。

师：你们看，这是之前小朋友们摘柿子的照片，请你看看他们是怎么摘柿子的？用了什么动作？

引导幼儿做一做摘柿子的动作。

2. 师幼交流，表达丰收的喜悦。

师：幼儿园里的柿子丰收了，打算开一个柿子丰收庆祝会，大家都想学一支丰收舞来庆贺，于是老师带来了一段音乐，请你们听听看，感觉怎么样？

幼儿认真倾听。

小结：这段音乐让人感觉欢快、热闹，很适合庆祝柿子丰收节。

二、熟悉音乐旋律和节奏

1. 听音乐，感受节奏。

师：听完音乐之后，谁知道这段音乐有几段？

幼儿积极讲述。

2. 听音乐，掌握节奏。

师：这一次我们再来听一听，到底是几段，老师把它记录下来。

小结：原来这段音乐可以分成4段式。

3. 听音乐，联想动作。

师：这段音乐让你想到了什么？

幼儿积极发言。

师：柿子丰收了，要怎么运柿子呢？

引导幼儿跟着音乐创编动作。

小结：采用小步递进式倾听乐曲，让幼儿充分感受乐曲的旋律和节奏。

三、练习与表演，提高动作技能

1. 教师示范，了解动作。

师：根据你们的想法，老师给这段音乐编了几个舞蹈动作，老师先来做一遍。

幼儿注意观察。

师：你们记住舞蹈动作了吗？为了帮助记忆，老师这里有张舞蹈动作的图谱，小朋友们先看看图谱，然后我们一起试一试吧。

师幼共同练习。

2. 跟着音乐初步练习。

师：这次我们跟着音乐、看着图谱的提示，一起练习柿子丰收舞。

幼儿跟着音乐练习动作。

小结：幼儿沉浸在音乐的氛围中，动作做得很到位，就连身体摆得也很有节奏。

3. 初次表演，认识反复记号。

师：在刚刚的柿子丰收舞中，我们摘了几次柿子？可以怎么表示？

小结：我们可以用一个特别的符号来表示，这个符号叫作反复记号。

师：小朋友们看到反复记号要怎么样？

小结：反复记号就是重复一遍的意思。

师：现在让我们看着图谱，完整地表演一遍柿子丰收舞吧。

幼儿尽情表演。

4.难点纠错，重点练习。

师：刚刚在表演时，有几个小朋友在某些地方没有合上节奏，让我们重点练习一下这些地方吧。

幼儿重点练习难点，动作熟练后，再次进行表演。

师：小朋友们的动作越来越完整了，你们的心情怎么样？

师：我们可以通过什么表现此刻的心情呢？

幼儿积极想象。

小结：可以通过表情和动作表达心情。

师：我们再来一遍这个舞蹈吧。

四、两两合作，双圈舞蹈

1.找不同，跳一跳。

师：小朋友们学会了跳舞，会邀请好朋友一起跳吗？

师：邀请好朋友一起跳会有什么不一样？

注意引导幼儿发现两人合作跳舞的不同。

师：我们已经知道了两个人一起跳欢庆舞蹈的秘密，接下来请小朋友找小伙伴跟着音乐来跳舞吧。

2.两两合作，双圈队形演绎舞蹈。

（1）第一次双圈舞蹈。

师：柿子丰收舞最适合在圆圈上跳了，我们也来围成圈吧，然后跟着音乐一起在双圈上跳一跳。

（2）第二次双圈舞蹈。

师：我们可以跟着音乐再来一次，你们可以和伙伴商量好是否需要交换角色，这一次可以加上表情哦，我们来试一试吧。

小结：双圈舞蹈，让幼儿在和同伴一起跳"柿子丰收庆祝舞"的过程中，用各种身体动作表达了音乐节奏和快乐的心情，进一步激发了幼儿想参与柿子丰收节的愿望。

【活动延伸】

引导幼儿在表演区进一步探索舞蹈动作,丰富表演经历,为柿子丰收节进行舞蹈表演打好基础。

【活动评析】

音乐是幼儿表达思想感情、反映现实生活的一种艺术。此次教学活动从儿童的认知、游戏、发展角度出发,更好地把幼儿的音乐情感激发了出来。在教学活动中,幼儿能够浸润到音乐中,并能够自主思考和积极探索舞蹈动作,推动了幼儿艺术表现能力的发展,激发了艺术创作情感,让幼儿在音乐中得到身心滋养与经验积累。

浙江省海盐县三毛幼儿园 朱佳玲

跃芽文化幼儿教师培训用书

教师成长与专业素养

1. 做有智慧的幼儿教师
2. 做一名有进取心的幼儿教师——幼儿教师专业成长故事50例
3. 幼儿园新教师入职指导手册
4. 《3-6岁儿童学习与发展指南》教师实践案例
5. 幼小衔接那些事儿
6. 幼儿园里的"问题小孩"
7. 幼儿园里的"问题小孩"经典案例解析50例
8. 幼儿园班级管理实用技巧50例
9. 幼儿园一日活动教育技巧50例
10. 幼儿园家长工作沟通问题50例
11. 幼儿园家园沟通案例故事精选50例
12. 幼儿园的50个安全管理问题
13. 幼儿园一线教师教育笔记精选50例
14. 幼儿园一线教学经验聚焦50例
15. 幼儿园自制玩教具精选50例
16. 幼儿园家园合作全攻略
17. 幼儿园家庭教育指导方案精选30例

活动设计与指导

18. 幼儿教师这样上公开课
19. 幼儿园五大领域优质课精选50例
20. 幼儿园五大领域绘本课精选50例
21. 幼儿园传统节日活动设计精选50例
22. 幼儿园可操作的区角活动180例
23. 幼儿园自主游戏观察记录精选40例
24. 幼儿园建构游戏50例
25. 幼儿园语言游戏50例
26. 幼儿园体育游戏50例
27. 幼儿园角色游戏50例
28. 幼儿园科学游戏50例
29. 幼儿园小班活动设计
30. 幼儿园中班活动设计
31. 幼儿园大班活动设计
32. 幼儿园大型活动轻松做

课程研究与实践

33. 幼儿深度学习课程故事精选50例
34. 幼儿园园本教研活动方案精选30例
35. 幼儿园园本课程实施方案精选20例
36. 幼儿园课题研究方案精选30例
37. 高效开展幼儿园教科研活动
38. 幼儿园五大领域精选说课50例
39. 幼儿园教育教学实用技巧50例
40. 幼儿园早期阅读与绘本教学
41. 幼儿园优秀学习故事50例
42. 幼儿园游戏设计指导书
43. 新生入园那些事儿
44. 让幼儿爱上美术